Self
Discovery
Book

나를 찾는 46가지 질문

나를 찾는
46가지 질문

초판 1쇄 인쇄 2019년 4월 22일
초판 1쇄 발행 2019년 4월 29일

지은이 김희교

펴낸이 김남전
기획편집 박혜연 | 디자인 정란
마케팅 정상원 한웅 정용민 김건우 | 경영관리 임종열 김하은
콘텐츠 연구소 유다형 이정순 박혜연 정란

펴낸곳 ㈜가나문화콘텐츠 | 출판 등록 2002년 2월 15일 제10-2308호
주소 경기도 고양시 덕양구 호원길 3-2
전화 02-717-5494(편집부) 02-332-7755(관리부) | 팩스 02-324-9944
홈페이지 ganapub.com | 포스트 post.naver.com/ganapub1
페이스북 facebook.com/ganapub1 | 인스타그램 instagram.com/ganapub1

ISBN 978-89-5736-385-0 03320

가나출판사는 당신의 소중한 투고 원고를 기다립니다. 책 출간에 대한 기획이나 원고가 있으신 분은 이메일
ganapub@naver.com으로 보내 주세요.

김희교 지음

나를 찾는 46가지 질문

Self Discovery Book

대한민국 20대 3000명의 인생을 바꾼 강의

"절망을 꿈으로, 꿈을 목표로, 목표를 실천으로 바꾸는 법"

가나출판사

머리말

──────── 이 책의 원고를 한창 쓰고 있던 2018년 12월 중순, 교보문고에 들렀다. 서점에 가면 습관처럼 베스트셀러 순위를 한 번 살펴본다. 종합베스트셀러 1위가 혜민스님의 『고요할수록 밝아지는 것들』이었다. 2위가 김난도교수의 『트렌드 코리아 2019』였고, 3위는 『12가지 인생법칙』이었다. 치부(治富)학과 명상학, 긍정심리학이 여전히 사람들의 마음을 사로잡고 있었다. 정권이 바뀌고 세상이 뒤집어진 듯 하지만 여전히 많은 사람들은 시대의 트렌드를 파악하여 돈을 벌고 싶어 한다. 또 다른 사람들은 그런 세상에서 지치고, 외롭고, 상처받아서 의지할 곳을 찾고 있다.

지금 대한민국은 『나는 돈에 미쳤다』의 저자 젠 신체로의 주장처럼 '외로워도 슬퍼도 부자인 것이 낫다'며 돈을 벌라고 외치는 '돈의 시대'이다. 그런 세상에서 치부학이 대세인 것은 당연하다. 돈의 세상에서 원하는 것을 얻기 위해서는 많은 돈이 필요하기 때문이다. 그러나 돈은 참 인정머리가 없다. 아무에게나 가지 않는다. 돈이 있는 사람을 좋아한다. 그런 세상에서 상처받은 수많은 사람들에게는 명상도 필요하고 긍정심리학도 필요하다. 그것들이 또 하루를 살 힘을 주기 때문이다.

그럼에도 불구하고 늘 드는 의문이 있었다. '이 책들이 이 시대의 정말 아픈 이들에게 약이 될까?' 하는 점이다. 김난도교수가 그의 다른 책에서 『아프니까 청춘이다』라고 했을 때 한 코미디언이 그랬다. "아프면 약을 주어야지 힘내서 견디라고 하면 어떡하냐"고. 명상이나 긍정심리학도 좋은 약임에는 틀림없다. 그러나 지난 20여 년간 많은 청춘들과 살을 맞대고 살아온 나로서는 일시적으로 아픔을 잊게 하는 진통제로밖에 보이지 않는다. 당연히 진통제 또한 필요하다. 그러나 이제 보다 근본적인 처방책이 필요한 '돈의 시대'이다. 돈의 힘이 너무 잔혹하게 변해버렸기 때문이다.

지난 20여 년간 '나의 역사'라는 강의를 진행해왔다. 수업을 통해 수많은 학생들의 인생과 만나며 그들이 가진 아픔을 같이 고민할 수 있었다. 나는 학생들의 아픔은 명상이나 긍정심리학으로 해결될 수 없는 좀 더 근본적인 문제라고 파악했다. 지금 청년들은 '돈의 시대'가 만들어 놓은 시스템과의 불협화음 때문에 가장 많이 힘들어 하고 있다. 나의 가치관과 나의 능력, 내가 가고자 하는 길이 시대와 서로 맞지 않는 것이 불행의 시작이다.

'이 시간을 견디면 행복해질까?' 이 책을 써야겠다고 마음먹은 것은 이런 의문이 들어서다. 다시 한 번 성공 신화를 믿고 소비의 즐거움으로 하루를 견디며 열정을 바친다면 언젠가는 행복해질까. 나의 결론은 '아니다'였다. 지금 학생들이 이렇게 아픈 것은 그들이 게으르고 약해 빠져서가 아니다. 아무리 열심히 해도 어쩔 수 없는 험악한 시스템 때문이다. 2019년의 대한민국은 돈에 의해 움직인다. 돈이 있어야 돈을 버는 세상, 돈을 가진 사람들의 힘이 점점 더 세져서 청년들은 이제 일자리조차 얻기 힘들어져 버린 세상이다. 이제는 돈의 힘을 학력으로도, 자격증으로도, 고시로도 넘기 힘들다. 청년들의 인생에는 넘을 수 없는 바리케이드가 쳐져버렸다.

이런 시스템 아래서 돈 없는 사람이 할 수 있는 일이 뭘까? 20년을 온전히 바쳐 소위 SKY라 불리는 명문대에 가고, 돈 많이 주는 회사에 들어가 일주일 벌어 하루 맛집 찾아가고, 일 년 벌어 일주일 해외여행 가며 '이것이 행복'이라고 자기세뇌를 하는 것 말고 뭘 더 할 수 있을까? 일터가 너무 행복해 해외여행이 시시해져버린 그런 사회는 우리에게는 결코 오지 않는 환상인 걸까?

한국사회도 이제 본격적인 저성장 국면으로 들어섰다. 이 책은 '양극화된 한국사회에서, 가진 게 노동력밖에 없는 사람들이 지속 가능한 행복을 추구할 수 있는 방법은 무엇일까?' 하는 질문에 대한 어설픈 처방약이다. '행복을 추구하는 개인들이 많아지면 언젠가는 그런 시스템이 될 것'이라는 장밋빛 가설이 바탕에 깔려 있기도 하다.

지금까지 우리는 나와 시스템 간에 불협화음이 생기면 주로 시스템을 탓해왔다. 자본주의 체제를 탓했고, 갑질하는 재벌이 문제라고 말했고, 대통령의 탓이라고도 했다. 그들이 잘못인 것은 맞다. 그러나 잘 몰랐던 것이 있다. 분노와 혐오만으로는 그들의 잘못이 고쳐지지 않는다는 것이다. 이제는 누가 어떻게 고칠 것인지 물어야 할 때다. 자본주의가 어떻게 고쳐져야 하고, 재벌이 얼마나 문제이고, 대통령이 무엇을 해야 하는지는 이제 이야기 할만큼 했다. 이제는 그래서 나는 무엇을 할 것인가를 물어야 한다.

　　나의 역사 강의 시간은 청년들 스스로 자기 길을 찾는 시간이었다. 많은 청년들은 자신이 어떤 가치관을 가졌는지조차 잘 알지 못했다. 자신이 가진 능력보다 누군가에 의해 주입되고, 미화된 미래의 자신을 더 믿는다. 세상의 입맛에 맞게 길들여져 있는 좋아하는 것을 '꿈'이라고 부르며 열정절벽에 온몸을 부딪치며 살아간다. 그런 청년들에게 ①자신이 살고 있는 이 시스템의 원리를 정확하게 파악하고, ②자신의 가치관과 능력치를 있는 그대로 보고, ③하고 싶은 일보다 할 수 있는 일이나 해야 할 일에 관심을 가질 때, 자기다운 삶을 살 수 있다는 이야기는 의외로 힘이 있었다. 많은 학생들이 이런 이야기에 관심을 가져 주었다. 생각보다 많은 청년들이 수업을 듣고 기꺼이 다른 삶을 찾아 나서기도 했다.

　　알리바바의 창업자 마윈이 한 말이 있다. "성공의 여부는 얼마나 노력하느냐가 아니라 어떤 파도를 타느냐에 달려있다" 이 이야기는 성공 신화를 만드는 데만 설득력이 있는 것은 아니라 행복한 삶을 꿈꿀 때에도 유용한 이야기다. 우리는 행복을 향해 노력하기 이전에 자신이 타고 있는 파도의 성격부터 알아야 한다. 샤오미그룹 창업자 레이쥔은 "태풍의 길목에 서 있으면 돼지도 날아오를 수 있다"고 했다. 지금 청년들이 쏟고 있는 노력은 어떤 파도냐에 따라 힘이 될 수도 있고, 장애가 될 수도 있다. 파도는 시대의 흐름이자 시스템 그 자체이다. 그러므로 우리는 내가 처한 환경 즉, 파도에 좀 더 많은 관심을 기울여야 한다.

이 책에서 나는 우리나라 사람들을 27개 유형으로 나누었다. 인생은 하나 하나가 온전한 세계인데 27가지 유형으로 정리하는 것 자체가 과도한 일반화이다. 그럼에도 불구하고 이런 분류는 자신에게 어울리는 새로운 길을 찾아나서는 데 도움을 줄 수 있을 것이라 믿는다. 이 분류를 통해 지금 자신이 살아가는 방식이 스스로에게 어울리는지 살펴보고 좀 더 나은 길을 갈 수 있기를 희망한다.

나의 역사 강의실에는 자주 청강생들이 들어온다. 이미 수강한 학생들이 예전의 고민을 다시 떠올리고 싶을 때 들어오기도 하고, 취업을 하고도 풀리지 않는 질문의 답을 얻기 위해 졸업생들이 찾아오기도 한다. 때로는 이미 수업을 들었던 학생들이 다른 학교에 다니는 친구를 데리고 들어오기도 한다. 그들에게는 공통점이 있다. 힘들거나 아프다는 것이다. 도대체 어떻게 살아야 할 지 몰라 헤매는 청춘들이다.

이 책은 그런 청춘들에게 주는 일종의 자습서다. 좀 더 즐겁게,

남에게 피해주지 않고 제대로 살아가고 싶은 청춘들에게 20여 년간 청년들의 역사에 관심을 가져온 한 교수가 주는 일종의 자기점검 메뉴얼이다.

지금부터 던지는 질문을 통해 세상에 단 하나밖에 없는 멋진 자신만의 삶을 찾을 수 있기를 기원한다.

저자 김희교

차
례

#1
Start
where
you
are

#2
Way
finding

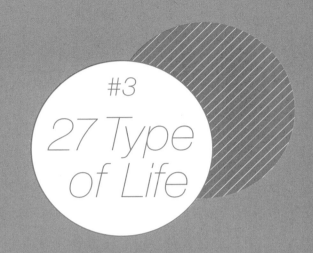

#3
27 Type
of Life

#4
Design
your
life

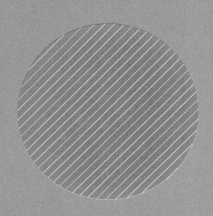

SELF

DISCOVERY

BOOK

#1
Start
where
you
are

지금 나는 어디에 있을까? ●●●

#1
START
WHERE
YOU
ARE

　　2018년, 서울대 평의회 연구팀이 서울대 재학생을 대상으로 실시한 설문조사에 따르면 1,760명 중 818명(46.5%)이 가벼운 우울증 이상의 증상을 가지고 있는 것으로 나타났다. 심리상담을 받고 싶다고 생각한 적이 있는 학생도 51.7%나 된다. 서울대생의 문제만은 아니다. 오혜영 이화여대 교수의 연구에 따르면 전국 대학생 2,600명 중 43.2%가 우울증 증상을 경험한 적 있고, 74.5%가 불안증상에 따른 위험군 또는 잠재적 위험군으로 분류되었다. 내 삶은 건강할까? 아프다면 어떻게 해야 고칠 수 있을까?

　　몸이 아파 병원에 가면 의사가 문진을 한다. "어디가 어떻게 아픈가요?" 심리상담을 받을 때는 심리테스트를 한다. "최근에 평소 아무렇지도 않았던 일들이 귀찮게 느껴지십니까?" 템플스테이에 가면 스님이 묻는다. "근심이 있으신가요?"
　　지금 나의 상태를 먼저 알아야 해결책을 찾을 수 있다. 여기에는 우리의 건강한 삶을 위해, 나는 누구인지, 내가 살고 있는 시스템은 어떤 곳인지 알아 볼 수 있는 몇 가지 질문을 실었다. 가벼운 마음으로 답해보자.

나의 자화상 그리기

[빈 공간에 자유롭게 나의 자화상을 그려보세요]

Q 당신의 자화상에서 아래 사항들을 체크해보세요.

☑ 반 고흐의 자화상, 윤두서의 자화상, 런숭의 자화상을 보세요. 그들은 왜 자화상을 아름답게만 그리지 않았을까요?

〈반 고흐〉　〈윤두서〉　〈런숭〉

☑ 윤동주와 서정주의 자화상이라는 시를 찾아 읽어 보세요. 윤동주는 왜 우물에 비친 자신의 얼굴이 미웠고, 서정주는 왜 "내 아비는 종이외다"라고 고백했을까요?

시공간의 좌표를
잃은 자아들

———————————— 자화상을 그리는 과제를 내면 많은 학생들은
우선 당혹스러워 합니다. 그려본 적이 별로 없기 때문이지요. 그림 솜씨
의 부족을 탓하면서 피하기도 합니다. 그런 학생들에게는 글로 써보라
고 합니다. 하지만 글로도 자신을 잘 규정해내지 못하는 경우가 많습니
다. 그림이던 글이던 자화상은 스스로 자아를 드러내는 작업입니다. 그
런데 많은 청년들은 이 작업을 원활하게 수행해내지 못합니다.

몇 가지 원인이 있다고 생각합니다. 우선 우리는 이런 시도를 별
로 해본 적이 없습니다. 우리 사회는 '너는 누구인지'가 아니라 '너는 무
엇이 되고 싶은 사람인지'를 늘 묻습니다. 그렇게 살다보면 나는 늘 '환
상속의 그대'가 되어 있습니다. 현재의 내가 아니라 되고 싶은 욕망 속
의 나를 나라고 착각하게 되는 것이지요.

'나는 누구인가?'라는 질문은 그 사람의 가치관을 묻는 것입니다.
나는 어떤 일을 가치 있게 여기며, 어떤 가치를 가지고 있는 사람입니
까? 이 질문의 답을 생각하면서 나의 가능성을 발견하는 여행을 시작해
봅시다.

지금 대한민국을 사는 사람들은 대부분 비슷한 가치관을 가지고 있습니다. 우리 사회를 지배하는 가치관은 '경제지상주의'입니다. 이 시스템은 경제적 가치가 높은 사람을 더 높게 평가하고, 그 속에 사는 사람들은 가능한 한 더 많은 경제적 가치를 가지기 위해 노력합니다. 그런 사회에서는 어떤 사람인지보다 무엇을 하는 사람인지가 늘 중요합니다.

시스템 속에서 자신의 위치를 파악하는 작업도 잘 안 시킵니다. 우리 대부분이 미래의 노동자인데 노동자로서 어떻게 살아야 할 지는 거의 알려주지 않습니다. 소비자로서만 열심히 살도록 교육시키고, 자본가에 대한 환상만 길러줍니다. 일주일에 5일을 어떻게 노동으로 행복할 것인가라는 고민하는 것보다 성공해서 일주일에 2일을 어떻게 재미있게 놀 것인지 더 관심을 가지게 만들어 놓습니다. 그래서 돈을 어떻게 잘 쓸 지는 생각해보지도 않고 그저 더 많이 벌기 위해 무작정 달리는 경우가 많습니다.

자신이 누구인지 분석하고 정리해내는 능력도 생각보다 많이 부족합니다. 교과 공부에만 몰두한 청년들 중에는 이런 인문학적 지식이 터무니없이 부족한 경우가 많습니다. 데카르트처럼 버리고 버려도 버릴 수 없는 자아를 발견해내는 철학적 성찰, 시간과 공간을 정확히 파악해내는 역사 인식, 시공간 속에서 이웃과 더불어 잘 살고자 노력하는 역사의식, 살아 있는 생물로서 오감을 즐기며 살게 해주는 예술적 감성이 너무나 부족합니다. (얼마든지 다른 의견도 있겠습니다만, 제 눈에는 그렇게 보입니다.)

그러다보니 많은 젊은이들이 감각적이거나 추상적으로 자신을 규정합니다. 이렇게 자의식이 제대로 형성되지 않은 사람들에게 나타나는 대표적인 현상이 막연한 불안과 두려움입니다. 자신이 누구인지, 무엇을 해야 하는지 모르기 때문에 나타나는 감정입니다. 알 수 없는 불안과 두려움에 휩싸이다보면 분노와 혐오로 일상을 보내게 됩니다. 막연한 두려움을 가진 사람이 할 수 있는 일은 사실 그것 밖에 없습니다. 그래서 지금 우리 사회가 불특정 다수를 향한 분노와 근거 없는 혐오로 넘치는 것이 아닐까 합니다.

자화상을 실제보다 예쁘게 그리려고 하는 학생일수록 '거울자아(타인에게 비춰지는 자신의 모습을 자아라고 생각하는 것)'를 가진 경우가 많습니다. 심지어 남들이 인정할 때만 진정한 행복을 느끼는 경향도 있습니다. '셀카(셀프카메라)' 문화는 이런 사회현상을 반영하는 대표적인 사례입니다. 셀카는 현실보다 더 아름답게 혹은 왜곡되게 자신을 표현하는 것이 미덕입니다. 여기에서 '아름다움'이란 사회적으로 규정되어 있는 보편적 이미지를 뜻하죠. 셀카로 표현하고자 하는 이미지의 정점이 바로 졸업 사진입니다. 대부분의 학생들은 하나같이 정형화된 이미지를 연출하기 위해 애씁니다. 대신 지금의 나는 없어지죠.

타인의 거울에 비친 자아를 '나'로 생각하는 사람들은 주로 남들이 인정해주는 성공을 향해 달려가는 경향이 많습니다. 왜 성공해야 하는 지도 잘 모른 채 말입니다. 대기업의 임원이 되고 싶어 하지만 왜 그 자리에 오르고 싶은지 설명하지 못합니다. 강이 보이는 아파트에 살고 싶어 하지만 왜 강이 보여야 하는지 그 이유를 잘 설명하지 못하고, 공무원이 되고 싶어하는데 어떤 공무를 하고 싶은지 모르는 경우도 허다합니다. 이런 부류의 학생들은 자신의 취향을 열거하면서 그것이 자신이라고 주장하거나 미래에 되고 싶은 자신을 자기라고 우기는 경향이 높습니다.

청년들의 자화상에서 드러나는 또 하나의 문제는 '관계'입니다. 대중예술 평론가인 존 버거(John Berger)는 "자화상은 단순한 자기 묘사가 아니다. 어딘가로 향하는 역동성을 지닌다"고 말합니다. 나는 누구이고, 지금 어떤 상황에 처해 있다는 것을 보여주는 하나의 메시지가 바로 자화상이라는 것입니다. 안타깝게도 우리 청년들의 자화상에서는 나와 세계가 어떤 관계를 맺고 있는지 고민한 흔적을 찾기가 쉽지 않습니다. 우리는 자화상에 내면도 드러내려 하지 않고, 나를 둘러싼 세계와의 관계도 잘 그리지 않습니다.

물론 가끔씩 특이한 학생들도 있습니다. 왜 자화상을 그리라고 하는지 묻거나, 대충 성의 없이 그리거나, 얼굴을 형편없이 일그러진 형태로 그리거나, 복잡한 수식으로 그려내는 학생들이 종종 있습니다. 그런 학생들에게 이유를 물으면 자신은 자신이 누군지 잘 모르겠다고 답하거나, 내 눈에 보이는 것이 나의 전부가 아닌 것 같다고 답합니다. 자각을 통해 자의식을 형성하는 과정에 있는 친구들입니다.

우리나라에는 '자화상'이라는 제목의 유명한 시가 두 편 있습니다. 윤동주와 서정주의 작품입니다. 동명의 시를 통해 윤동주는 나라를

잃은 자의 욕된 삶을, 서정주는 가난한 집 자식의 굴곡진 삶을 표현했습니다. 윤동주는 식민지의 자식이었고, 서정주는 종의 아들이었습니다. 그것보다 그들의 삶을 더 크게 좌우한 요소가 있을까요? 현실을 자각한 두 사람은 각자의 인생길을 택했습니다. 모두가 알다시피 윤동주는 저항, 서정주는 굴종이라는 전혀 다른 성격의 삶을 살았죠. 자아에 대한 인식은 이렇게 개인의 역사를 바꿀 만큼 중요하고 큰 일입니다.

살면서 내가 누구인지 잘 몰라서 겪는 문제가 매우 많습니다. 자신이 욕망하는 것을 자신이라고 착각하기도 하고, 자신의 취향을 자신이라고 말하기도 합니다. 다른 사람에게 비추어진 자신을 자신이라고도 하며, 현재 자신이 속해있는 곳을 자신이라 말하기도 합니다. 물론 그중 어느 것도 자신이 아닌 것은 없습니다. 욕망도, 상상도, 직업도 타인의 눈에 비친 내 모습에 신경을 쓰는 것도 모두 나 자신의 일부입니다. 그러나 그들 사이에는 중요도의 차이가 있습니다. 중요한 것과 덜 중요한 것이 헷갈릴 때 나는 길을 잃고 헤매게 됩니다. 자신에게 도움이 되는 일을 하는 데에 집중하기보다 다른 사람이 시키는 일을 할 가능성도 높아집니다.

자화상을 그려보면서, 그리고 짧은 이 코멘트를 읽으면서 혹시 자의식이 형성되지 않은 채로 어른이 되어버린 자신에 대해 탓하고 싶은 마음이 들었습니까? 그럴 필요 없습니다. 단지 우리에겐 '나'에 대한 고민을 깊이 할 시간이 없었을 뿐입니다.

　　어쩌면 여러분 내면에는 이미 스스로도 인식하지 못한 내공이 쌓여 있을 가능성이 높습니다. 찾는 방법을 몰랐을 뿐이죠. 지금부터 하면 됩니다. 지금부터 '나'를 알아가는 과정을 시작해보겠습니다.

나의 꿈은 무엇인가?

[아래 공간에 나의 꿈을 적어보세요]

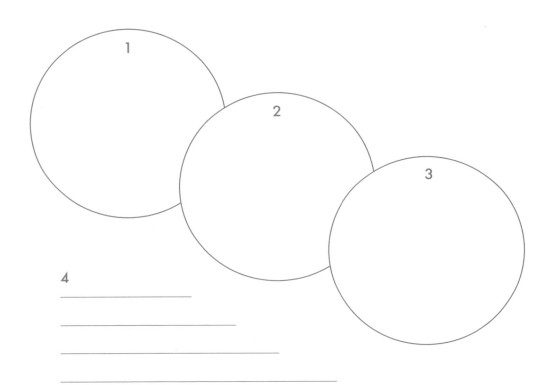

1

2

3

4 _____

_____

_____

_____

Q **나의 꿈에서 아래 사항들을 체크해보세요.**

- ☑ 나의 꿈이 미래의 직업인가요?
- ☑ 나의 꿈이 직업이라면, 그 직업을 통해 무엇을 얻고 싶은가요?
- ☑ 나의 꿈을 이룰 확률이 얼마나 된다고 생각나요?
- ☑ 나의 꿈 중에 나와 나의 가족이 아닌 다른 사람, 즉 내가 살고 있는 공동체나 사회, 지구와 관련된 것이 있나요?

직업이
꿈이 되어버린
청춘들

────────── 청년들에게 꿈을 적어보라고 하면 가장 많은 이들이 가지고 싶은 직업을 적습니다. 대한민국은 신기하리만치 직업을 꿈이라고 가르쳐 옵니다. TV를 틀면 "어릴 적부터 내 꿈은 교사였습니다"와 같은 이야기가 수시로 들립니다. 그런 청년들에게는 다시 물어봅니다. "그 직업을 가져서 무얼 하려고 합니까?" 대부분 바로 대답하지 못합니다. 솔직한 청년들은 서울 강남에 아파트를 사고 싶다고 하기도 하고, 부모님께 집을 사드리겠다고도 합니다. 세계여행을 하고 싶다는 학생들도 있습니다. 대부분의 꿈들이 돈과 관련된 셈입니다.

우리 사회를 살기 위해서는 어쩔 수 없이 경제적 가치를 중심으로 움직이는 인간형, 이른바 '호모 이코노미쿠스(Homo Economic)'가 되어야 합니다. 자본주의 사회에서 경제적 자원을 획득하기 위한 노력 그 자체가 문제가 될 수는 없습니다. 마이클 샌델(Michael Sandel)교수가 말한 '돈으로 살 수 없는 것들(이를테면 도덕적 가치와 공동체적 가치)'조차 대부분 돈의 통제 아래 놓여 있는 대한민국에서는 어쩔 수 없이 선택하는 생존의 방식이기도 합니다. 문제는 남들이 인정하는 직업을 가지는 그 자체가 행복이라고 생각하는 미신이 우리 사회를 지배하고 있다는 것입니다.

직업 그 자체, 돈 그 자체는 그저 교환가치를 가진 하나의 수단일 뿐입니다. 돈은 사용가치로 환원될 때 행복을 느낄 수 있습니다. 직업도 마찬가지입니다. 그러나 우리의 꿈은 대부분 교환 가치를 확보하는 것에 치중되어 있습니다. 한강이 보이는 아파트에 살면 매일 즐거움을 느낄 만큼 사용가치가 있는 것인지 별로 고민해보지 않습니다. 그런 것이야말로 '이스털린 패러독스(Easterlin Paradox, 일정 수준을 넘으면 소득이 아무리 증가해도 행복은 증가하지 않는다는 이론)'라는 행복법칙에 가장 잘 적용되는 것일 텐데 말입니다.

꿈이 안정적 직장일 때 꿈은 그 직장을 얻는 순간 사라집니다. 결국 직업이 꿈이라고 말하는 대부분의 사람들은 꿈이 '좀 더 많은 돈을 버는 것'이라고 볼 수 있습니다. 돈이 아니라 다른 사람의 인정이라고 말하는 사람도 있습니다. 그러나 돈의 세계에서 그것은 별 차이가 없습니다. 그 세계에서는 직위가 돈을 주고, 돈이 타인의 인정을 만들기 때문입니다.

직업이 꿈일 수는 없습니다. 직업은 수단에 불과하기 때문입니다. 직업이 주는 것은 대체적으로 돈과 직위, 그리고 안정감입니다. 돈과 직위는 수단이지 최종적인 목표가 될 수가 없습니다. 이런 이야기를 하면 학생들이 따지듯 묻는 말이 있습니다.

"선생님은 이미 교수라는 안정된 직업을 가지고 계시니까 그런 이야기를 쉽게 하시는 거예요."

그럴 수도 있습니다. 돈이 모든 것을 가진 대한민국에서 안정된 직업이 가지는 힘이라는 것이 얼마나 큰 지, 가난한 홀어머니 자식으로 커온 저는 누구보다도 잘 알고 있습니다. 그러나 그것이 전부는 아닙니다. 제가 있는 대학에만 해도 수백 명의 교수들이 있습니다. 그들 대부분은 안정적인 생활을 하고 있습니다. 모임에 나가 직업을 말하면 부러워하는 사람들도 많습니다. 교수는 대한민국에서 '워너비 직업' 중 하나이지요. 교수가 꿈인 학생들도 많이 있고요.

그러나 질문을 바꾸면 결과는 매우 달라집니다. 그들은 대부분 풍족한 삶을 살고 있을까요? 제 눈에는 그렇게 보이지 않습니다. 다양한 이유들로 생각보다 불행한 교수들이 많습니다. 그건 그저 인간사라 '어느 집단이라도 똑같다'라고 해두지요. 가장 심각한 문제는 많은 사람들이 부러워하는 직업 그 자체에 있습니다. 교수는 크게 말하면 두 가지 일을 합니다. 하나는 글을 쓰는 일이고, 하나는 가르치는 일입니다. 두 가지 일을 즐겁게 할 수 있어야 교수라는 직업이 사용가치를 가집니다. 그런데 그 두 일을 즐겁고 행복하게 하는 사람이 생각보다 많지 않습니다. 결국 많은 교수들이 일주일 중 주말 이틀만 행복한 '여가형 삶'을 사는 셈이지요.

왜 이런 일이 벌어졌을까요? 교수가 되고 싶다고 찾아오는 학생들이 있습니다. 저는 그 학생들에게 두 가지를 해보도록 권유합니다. 하나는 자기 생각을 소논문으로 써보는 일입니다. 한 학기 정도 시간을 들여 적어도 몇십 권의 책을 읽고, 교수가 되어 하고 싶은 일(그중에도 사회적 가치를 지닌 어떤 사안)에 대해 글을 한번 써보라고 합니다. 다른 하나는 동네 공부방에서라도 교사가 되어 한 학기 이상을 직접 가르쳐보는 것입니다. 그런 이야기를 들은 학생들은 대부분 다시 찾아오지 않습니다. 이 사람은 교수가 되는데 별 도움이 않되는 사람이라 생각하는 모양입니다. 올바른 판단입니다. 한국에서 교수가 되는 일은 좋은 대학을 나오는 것이 중요합니다. 그 나머지는 운이 필요하지요. 운칠기삼(運七技三). 저는 그렇게 판단하고 있습니다.

그러나 좋은 학벌을 가지면 교수는 될 수 있을지 몰라도 행복한 교수는 될 수 없을 것입니다. 글 쓰는 일과 가르치는 일이 행복해야 행복한 교수가 될 수 있습니다. 거꾸로 말하면 행복하기 위해서는 글 쓰고 가르칠 수만 있다면 교수가 안 되어도 상관없어야 합니다. 교사가 되어도 좋고, 학원이나 공부방에서 가르쳐도 상관없어야 합니다. 그 일만 할 수 있다면 하루 한 끼 먹어도 행복할 수 있다. 그런 일을 찾아야 합니다. 더 나아가 글로 사회적 가치를 실현할 수 있다면, 가르쳐야 할 것들을 가르칠 수만 있다면 교수가 아니면 어떻습니까? 동네 시인이어도 좋고, 마을신문을 만들어도 상관없지 않을까요?

결국 꿈이란, '직업'이 아니라 '가치'여야 합니다. 그중에서도 사회적 가치를 향한 것이어야 비로소 진정한 의미를 가질 수 있습니다.

'나는 미세먼지를 없애는 일을 하면서 평생을 살고 싶다' 이런 게 꿈이지요. 그렇다면 환경보호 활동가가 되던, 미세먼지 제거기를 개발하는 연구원이 되던, 환경부 공무원이 되던, 나무를 심는 농부가 되던 그것은 상관없는 일입니다.

당신은 지금 일터에서 행복한가요?

[아래 질문에 '예' 혹은 '아니오'로 답해보세요]

체크 리스트		YES/NO
1 ··· 하는 일/공부가 즐거운가요?		
2 ··· 하는 일/공부와 관련된 책을 스스로 찾아 읽나요?		
3 ··· 일/공부는 하기 싫은데도 출석 체크를 하기 위해 일터/강의실로 간 적이 있나요?		
4 ··· 일/공부을 가르치는 상사나 선생님이 자신의 인생에 도움을 주는 스승이라는 생각을 하나요?		
5 ··· 재미있는 일은 주로 일터/강의실 밖에서 이루어지나요?		
6 ··· 일터/강의실에서 일/공부에 대해 궁금한 것이 많이 생기는 편인가요?		
7 ··· 일터/강의실에서 알게 된 사실 때문에 흥분한 적이 있나요?		
8 ··· 상사/선생님은 자신을 좋은 학생이라고 생각하는 것 같은가요?		
9 ··· 동료/친구와 상관없이 일/수업을 선택하는 편인가요?		
10 ··· 결과/성적보다 수업을 통해 얻은 것을 더 중요시하는 편인가요?		

Q 다음 질문의 답을 생각해보세요.

☑ 일터/학교 생활이 즐겁다면, 즐거운 이유 중에 일/공부 그 자체가 들어가 있나요?

☑ 일터/학교 생활이 즐겁다면/즐겁지 않다면 그 이유를 적어보세요.

☑ 일터/학교 생활이 즐겁지 않다면 왜 계속 직장/학교를 다니고 있나요?

우리는 벌써부터
여가형 인생을 산다

—————————— 지금 대학에는 버티기가 유행하고 있습니다. 교육부는 수업 일수와 출석까지 컨트롤하면서 학생들을 붙들어 매놓는 데에 혈안이 되어 있지만 학생들은 이미 마음이 떠난 지 오래입니다.

4차산업시대라고 입으로는 떠들면서 학생들에게는 교실에 꼼짝 말고 붙어 있기를 요구하고, 결석 일수가 단 하루라도 넘으면 여지없이 F를 날리게 만들어놓았습니다. 교수가 한 치라도 융통성을 발휘하면 징계할 태세입니다.

강의실에 붙들어 놓으면 공부를 할 것이라는 이런 시대착오적인 발상은 누가 할까요? 마치 군부독재 시절 오후 5시에 애국가를 틀고 애국가가 끝날 때까지 듣게 하면 애국심이 생길 것이라 생각한 정치군인들의 시대가 부활한 느낌입니다. 그들은 각진 책상 앞에서 창의성을 강조해서는 결코 창의성이라는 게 생기지 않는다는 어느 가구 회사의 광고도 보지 않는가 봅니다.

분필 대신에 빔을 쏘고 얼굴을 맞대고 하는 강의 대신에 인터넷을 사용해서 강의를 하면 4차산업시대에 적합한 강의가 되는 줄 착각하는 그들에게 꼭 대학 강의실에 한 시간만 앉아 있어보라고 하고 싶습니다. 대학 강의실이 이미 붕괴된 고등학교 교실과 하나도 다를 바 없어진 지가 오래되었습니다. 몇몇의 학생들만 살아 있지요. 많은 학생들이 휴대전화를 가지고 놀고, 또 많은 학생들은 자고 있습니다. 그 시간을 무언가를 위해 버티고 있는 중입니다.

　교수들도 마찬가지입니다. 학생의 태반이 수업에 관심이 없는데 벽을 대고 이야기하고 있는 느낌을 받는 강의 시간이 즐거울까요? 16주 강의를 다 채우고, 학생이라는 고객들에게 평가를 잘 받을 수 있도록 항목대로 조건을 다 채운 뒤, '이번 학기도 무사히 가라'는 마음으로 그렇게 보내곤 합니다. 학생들의 인생이야 이미 다 컸는데 그들의 몫이라고 생각하며, 많은 교수들이 버티기로 살고 있습니다.

　버티는 시간이 행복할 리 없습니다. 그래서 지금 대학은 불행한 사람들의 전시장 같습니다. 원인은 가장 본질적인 곳에 있습니다. 대학은 공부하고 가르치는 곳입니다. 그러나 지금 대학에는 공부에 별로 관심이 없는 학생들과 가르치는 것이 시간떼우기의 수단인 교수가 넘쳐납니다. 사실 강의 시간에 집중하는 몇몇의 학생들도 수업 그 자체가 지니는 고유의 목표를 즐기는 것인지는 알기 힘듭니다. 교재 이외에 스스로 책을 사서 보거나 수업과 관련된 현장을 탐사해보거나 하는 학생을 찾는 건 길가다가 오만 원짜리를 줍는 것만큼이나 어렵습니다.

　학교의 학생회가 하는 일을 보고 있어도 마찬가지 생각이 듭니다. 엠티는 술마시고 게임하는 자리가 된 지 오래입니다. 한껏 흥이 오른 학생들과는 대화를 하는 것 자체가 불가능하죠. 학생회에서는 이번 학기말에도 '간식사업'이라는 명목으로 시험 기간에 먹을 것을 나눠줍니다. 학생회의 이름으로 이런 강의를 개설해달라는 요구를 받아본 적은 지난 20년 동안 단 한 번도 없었습니다. 대학은 이제 또 다른 사교클럽이 된 느낌입니다.

왜 대학이 이렇게 변해버렸을까요? 저는 우리 사회 주류의 강고한 이데올로기인 경제지상주의가 이제 대학까지 완전히 장악해버린 결과로 보고 있습니다. 요즘 대학에서는 취업에 도움이 되지 않는 것은 사라져가고 있습니다. 취업에 별 도움이 되지 않는 과목들은 폐강 위기에 몰리고, 성적을 잘 받을 수 있는 과목은 늘 만원사례입니다. 성적이 아니라면 재미라도 있어야 합니다. 오죽하면 예능프로그램처럼 온갖 퍼포먼스를 동원하는 교수까지 있을까요?

경제지상주의가 만들어 놓은 경쟁체제는 이미 일상생활까지 침투했습니다. 대학은 상대평가를 실시한 지 오래입니다. 경쟁력 있는 학생을 필요로 하는 기업의 요구에 맞춘 것이지요. 아무리 잘해도 모든 학생에게 A를 줄 수 없는 시스템입니다. 1점이라도 더 나은 학생을 고르라고 강요당합니다. A학점이 수강 인원의 30퍼센트를 넘으면 컴퓨터가 입력을 거부합니다. 반드시 C가 있어야 하는 세상이 되어버렸습니다.

'경쟁'이라는 키워드 외에 다른 가치는 힘을 쓰지 못합니다. 사회문제를 논의하기 위해 시위라도 하면 곧바로 강력한 항의가 들어옵니다. 어떻게 감히 도서관 앞에서 시끄럽게 시위를 하냐는 겁니다. 그 도서관에서는 학생들이 더 높은 점수를 얻기 위한 공부를 하고 있습니다.

대학만 이럴까요? 대학이 아닌 다른 일터도 마찬가지입니다. 우리 사회는 일주일 중 일하는 5일은 참고 견디며 버팁니다. 저도 대기업에서 근무해 본 적이 있지만 그곳에는 그때나 지금이나 일 그 자체의 즐거움을 느끼는 사람은 별로 없습니다. 경쟁체제는 날로 심해지고 있습니다.

이제 5일의 행복을 위해 즐거운 일을 찾아나서야 할 때입니다. 당신은 위 10개의 만족도 체크에서 몇 개의 Yes를 얻었나요? 5개 이하라면 당신도 '노동 행복도 C등급 이하'입니다. 아마도 당신은 지금의 삶이 그리 행복하지 않을 것입니다. 아니면 벌써부터 일주일에 5일을 포기하고 이틀의 행복을 꿈꾸는 여가형 인간이 되어 있을 지도 모릅니다.

대학에 들어오기 이전에는 달랐나요? 이 공간만 포기하신 건가요? 취업을 하면 달라질까요? 그 공간에서는 행복할까요? 이제 다시 한번 자신에게 물어봅시다. 남은 인생도 그렇게 살 생각인지 말입니다. 언제까지 꾸역꾸역 견디면서 어딘가 있을 무지개를 향해 묵묵히 걸을 건가요?

내가 좋아하는 것

[내가 좋아하는 것을 모두 적어보세요]

Q 다음 질문의 답을 생각해보세요.

☑ 몇 개를 적었나요?

☑ 음악 듣기, 게임하기, 여행가기, 영화 · 스포츠 관람, 친구들과 술자리, 맛집 가기, 연애 외에 몇 개나 되나요?

☑ 그중 돈을 들이지 않고 할 수 있는 것은 몇 개인가요?

좋아하는 일이
별로 없거나
남들과 비슷합니다

놀랍게도 학생들에게 자신이 좋아하는 일을 적어 보라고 하면 대개 스무 개를 채우지 못하는 경우가 많습니다. 또 좋아하는 일이 신기하리만치 비슷합니다. 음악 듣기, 게임하기, 여행가기, 영화 관람, 친구들과 술자리, 맛집 가기, 이성친구 만나기를 빼고 나면 10개를 넘는 경우가 드뭅니다.

왜 그런지 충분히 이해하기에 참 안타깝습니다. 돌아보면 지난 20년 간 우리는 더 나은 대학을 가기 위한 경쟁 말고는 해본 일이 별로 없습니다. 이른바 선진국과는 참 다릅니다. 짧게나마 미국 생활을 하면서 가장 놀란 것은 그들의 교육 방식이었습니다.

특히 초등학교 교육은 놀라웠습니다. 그들은 우리 식의 교과 공부를 거의 시키지 않습니다. 대신에 악기를 들고 와 함께 연주를 하거나, 남녀 구분 없이 섞여 축구를 합니다. 일주일에 한 번 정도는 학교 주변을 도는 오래 달리기도 합니다. 다함께 캠핑을 가서 야생 동물도 만나죠. 이러니 그 또래의 아이들이 겨루는 수학경시대회 같은 곳에서 한국이 늘 일등을 하는 것은 너무 당연해 보입니다.

그들은 철저하게 초등학생을 스페셜리스트(specialist)가 아니라 제너럴리스트(generalist)로 키웁니다. 특정한 일을 잘하는 전문가를 만드는 것이 아니라 어디서든 자신의 힘으로 살아갈 수 있는 소위 '홍반장'을 키웁니다. 홍반장, 잘 아시지요? 어디서든, 누군가에게, 무슨 일이 생기면 틀림없이 나타나는 사람. 특별히 잘하는 것은 없지만 못하는 게 없고, 다른 사람 도와주는 것 자체를 재미있어 하는 그런 사람 말입니다.

우리 교육은 초등학교부터 '스페셜리스트'를 향합니다. 그러니 못하는 것이 너무 많고, 좋아하는 것은 너무 적습니다. 시장에 나가서 자기가 잘하는 것을 팔지 않으면 아무 것도 할 수 없는 '시장형 인간'으로 길러지는 것이지요. 그렇게 시간을 보내다보면 그들에게는 시장에 내다 팔 것들 -자본, 능력, 인맥 등- 외에는 다른 경험이 쌓이지 않습니다. 그러다보니 겨우 간혹 남는 여가시간에 해본 음악 듣기, 게임, 영화 보기, 여행, 친구와 노는 시간 등이 거의 유일한 즐거움이 되곤 합니다. 이른바 '길들여진 재미'만 남는 것입니다.

스페셜리스트로 키워지면 정작 문제는 성공했을 때 나타납니다. 성공하면 갑자기 좋아하는 일들과 재미있는 일들이 많이 생길까요? 한국사회 부자들의 일상을 들여다보면 전혀 그렇게 보이지 않습니다. 좀 더 큰 평수의 아파트에 살고, 좀 더 비싼 차를 타고, 좀 더 비싼 물건을 씁니다. 그런데 그것 뿐입니다. 부자들의 삶에서 그 이상 무엇을 발견해 내기가 참 힘듭니다. 쾌락이나 중독에 빠지는 경우도 허다합니다.

당신은 다를까요? 결국 삶은 '소소하지만 확실한 행복'의 연속으로 이루어집니다. 그런 것들 중에는 돈이 필요한 것도 있겠죠. 하지만 돈이 그런 것들을 만들어주지는 않습니다. 좋아하는 일은 하루아침에 생기지 않습니다. 좋아하는 일을 하는데 돈이 든다면 또 얼마나 들까요?

청춘은 좋아하는 것을 수없이 만드는 시간입니다. 제도가 당신을 시장에 내다 팔 인간으로만 기른다고 해도 당신은 스스로 많은 것을 좋아하는 인간으로 거듭나야 합니다. 그러다 먹고 살지 못하면요? 뭐든 할 수 있는 홍반장은 결코 굶어 죽지 않습니다.

서울에서 살다가 하동에 가서 농사를 짓는 제 제자에게 뭐가 제일 좋냐고 물은 적이 있습니다. "서울에서는 결코 느껴볼 수 없었던 생존에 대한 자신감"이라고 하더군요. 자기 힘으로 자급자족할 수 있는 인간만이 가질 수 있는 가장 기초적인 안정감이지요. 건축가로 일생을 보낸 '츠바타 슈이치' 부부의 말년 인생을 보여주는 일본 영화 〈인생 후르츠(Life Fruity, 2016)〉를 보세요. 시장에서 벗어나 그저 자급자족할 수 있는 인생만으로도 얼마나 재미있을 수 있고 풍성할 수 있는 지 잘 보여줍니다.

제가 아는 분 중에 한 분은 이집 저집 다니면서 학생들을 가르치고, 과외비로 먹고삽니다. 그 분이 하루는 어머니에게 이런 말을 했다고 합니다. "엄마, 내가 내일 죽어도 절대로 안타까워하지 마" 엄마를 위로하는 말인 줄 알았습니다. 그러나 다른 의미였습니다. "나는 어제까지 내가 하고 싶은 일들을 전부 해봤어. 언제 죽어도 전혀 미련이 없어" 불

필요한 것들을 끊임없이 쌓으며 하루를 살고 있는 저에게 참 울림이 있는 이야기였습니다.

쌓아두지 않는 삶. 그것을 시작하면 좋은 일들이 늘어날 것입니다. 지금 즐겁고 행복한 일들을 찾아보세요. 남들이 써주지 않을까 두렵다면 홍반장의 능력을 키워나가세요. 돈들이지 않고 할 수 있는 100가지 일과 100가지 즐거운 일들을 만들어보세요.

나를 불안하게 하는 것

[지금 나를 불안하고 두렵게 하는 것 10가지를 적어보세요]

1	
2	
3	
4	
5	
6	
7	
8	
9	
10	

Q 다음 질문의 답을 생각해보세요.

☑ 몇 개를 적었나요?

☑ 취업, 군입대/여성차별, 연애, 부모님 건강, 대인관계, 주거 문제 중 몇 개나 포함되어 있나요?

☑ 그중 본인 혼자의 힘으로 해결할 수 있는 것은 몇 개나 되나요?

☑ 본인 혼자 해결할 수 없는 불안은 어떻게 해결할 것인가요?

혼자
해결할 수 없는
불안들

——————————— 과학적인 통계는 없습니다만 20년간 경험에
비추어보면 좋아하는 것이 적은 학생일수록 이 리스트에 많은 것을 적
습니다. 모두 시스템과 관련이 있기 때문입니다.

철학자 버트런드 러셀(Bertrand Russell)은 그의 저서 『행복의 정복』에
서 "사람을 상하게 하는 것은 과로가 아니라 걱정이나 불안"이라고 말
합니다. 우리가 아픈 이유 중에 불안이 큰 부분을 차지합니다. 러셀은 불
안의 근본적인 원인을 '끊임없이 경쟁체제를 가동해 사람을 생존 경쟁
으로 내모는 시장경제'에 있다고 보았습니다. 경쟁체제에서는 누구든
내일이 불안할 수밖에 없다는 것입니다.

저술가 알랭 드 보통(Alain de Botton)의 말대로 불안은 '창의성
을 마비시키고, 상상력을 쓸모없게 만들며, 문제해결 능력을 떨어뜨리
고, 건강을 해치고, 에너지를 고갈시키고, 지적능력을 악화시켜, 희망을
뭉개는' 결과를 초래합니다.

앞에서 말한 자아의 불안에서 기인하는 막연한 불안 이외에 학생

들이 느끼는 구체적인 불안은 대략 세 가지로 나눌 수 있습니다.

첫째는 인간의 힘으로 어쩔 수 없는 것들에 대한 두려움입니다. 예를 들면 부모님이 늙어 가시면서 자연스럽게 나타나는 병, 애인이 어느 날 갑자기 떠날 것이 두려운 것 등입니다. 이런 종류의 불안들은 죽음과 이별 같은 문제에 대한 철학적 사유를 통해 극복할 수 있습니다. 어쩌면 저도 누군가에게 조언할만큼 특별히 나은 점도 없고, 최근에 이런 문제를 다루는 책들도 많이 나와서 이 문제는 다루지 않겠습니다.

둘째는 생존권 확보에 대한 두려움입니다. 이 문제에 대한 불안을 토로하는 학생들이 가장 많습니다. 이미 G20에 들어갈 만큼 부유한 나라가 되었음에도 불구하고 청년들이 생존을 걱정하고 있다는 것은, 우리 사회의 자본주의에 뭔가 문제가 있다는 뜻입니다. 청년실업은 당장 우리 앞에 떨어진 시한폭탄입니다.

셋째는 사회경제적 구조에서 오는 걱정거리들입니다. 살 집을 구하기 힘든 문제, 군대 가는 문제, 여성차별 문제 등이 대표적입니다.

청년들의 구체적인 불안의 특성은 혼자 해결할 수 없다는 점입니다. 주거문제도, 병역문제도, 부모님 노후문제도, 타인과의 관계 문제도 말입니다. 그러나 의아한 일은 지금 청년들은 그런 문제조차 각자 감당하려고 한다는 점입니다. 이런 문제는 법을 바꾸거나 새로운 공동체를 만들어 해결해야 합니다. 누군가와 연대해야만 할 수 있습니다. 그러나 청년들은 다른 사람과 함께하거나 좀 더 나은 사회구조를 만들 생각은 별로 하지 않습니다. 왜 그럴까요?

우선 공동체적 연대를 느낄 토대가 거의 무너져버렸습니다. 한때 대학은 그래도 공동체적 연대와 사회적 연대의 토대였습니다. 일제강점기, 한국전쟁, 냉전을 거치면서 가족같았던 이웃이 없어져버린 상태에서도 대학은 모르는 사람들끼리 만나 같이 무언가를 도모하는 실험장이었습니다. 그러나 90년대 이후 불어닥친 신자유주의적 시장경제는 대학마저도 돈의 세상에 편입시켜버렸습니다. 시대를 끌고가는 공간이 아니라 시대에 끌려가는 공간이 된 것입니다.

공동체적 연대가 사라지고 사회적 연대를 꿈꿔본 경험이 없는 청년들이 사회적 해결책을 모색하는 일은 쉬운 일이 아닙니다. 축구선수 손흥민이 아시안게임에서 우승을 하기 이전에 그의 병역문제를 두고 많은 갑론을박이 있었습니다. 특별법을 제정해서라도 병역을 면제하자는 쪽과 대한민국 남자는 누구도 예외 없이 군대를 가게 해야 한다는 쪽의 주장이 팽팽히 맞섰습니다. 그렇게 서로 비난하고 혐오하다가 결국 아시안게임 우승 이후 흐지부지 되어버렸습니다.

비슷한 시기에 바로 이웃 국가인 대만에서 1951년부터 실시해오던 징병제를 폐지하고 모병제를 실시하기로 결정하는 일이 일어났습니다. 예상하지 못했던 일입니다. 미중 간의 충돌이 거세지고 있는 지금 대만의 안보 상황이 우리보다 조금도 낫지 않기 때문입니다. 우리나라와 대만은 경제력도 별 차이가 없습니다. 그런데 대만의 젊은이들은 "나는 군대 가기 싫어"라는 소망을 이룰 수 있는 방법을 사회적으로 찾았습니다. 모병제가 그것이었지요. '군대에 가고 싶은 사람은 가고, 가기 싫은 사람은 가지 말자. 대신 가는 사람에게는 제대로 된 월급을 주자.' 그런 합의가 이루어진 것입니다.

　　우리는 사회 구성원의 절반 이상이 당사자가 되는 징병의 문제조차 함께 고민하고 같이 해결해보려는 노력을 하지 않습니다. 힘 있는 집 자식들은 이상한 방식으로 면제를 받고, 학벌이 있는 사람은 좀 편안한 방법으로 군 생활을 합니다. 이것도 저것도 없는 사람들은 일반병으로 가는 것밖에 방법이 없습니다. 그러다보니 갔다 온 사람이나 가야할 처지에 있는 사람은 뭔가 억울함이 있습니다. 양심적 병력 거부자들에게 징벌적 수준의 대체근무가 논의되는 것도 같은 맥락입니다.

　　징병제 문제는 안보의 심각성 정도나 GDP의 문제가 아니라 사회적 꿈과 관련된 문제라고 생각합니다. 전쟁 없는 세상을 만들고자 하는 사람들이 많아야 이룰 수 있는 꿈입니다. 아쉽게도 지금 청년들은 자신의 꿈을 사회화하려는 노력은 별로 하지 않고 있습니다. 적어도 제 눈에는 그렇게 보입니다. 평화체제가 구축되려고 하는 이런 결정적인 시점에도 우리는 오로지 취업과 점수에만 매달리고 있습니다.

　　지금 우리의 꿈은 너무 흩어져 있습니다. 자신의 꿈을 사회화하면서 동시에 사회적 꿈을 내면화하기도 해야 합니다.

얼마를 벌면 행복할까?

[지금 나의 상황을 객관적으로 바라보면서 빈 칸을 채워보세요]

1. 나는 일 년에 [   ] 를 벌면 행복할 것 같다.

2. 나는 재산이 [   ] 만큼 있으면 행복할 것 같다.

3. 현재 내가 가진 현금 자산은? [   ]

4. 내가 부모님으로부터 물려받을 수 있는 자산은? [   ]

5. 나의 자산 총 합은? [   ]

6. 나의 학벌은? [   ]

7. 나의 외모를 점수로 매겨본다면? [   ]

8. 나의 능력 중 노동력의 단가를 상승시킬만한 필살기는 무엇인가?

_____

_____

_____

"너 아부지, 뭐하시노?"

———————————— '얼마가 있어야 충분한가?' 경제학자 존 메이너드 케인즈(John Maynard Keynes) 연구로 유명한 영국의 로버트 스키델스키(Robert Skidelsky)교수가 이런 제목의 책을 쓴다고 했을 때 그의 친구들은 농담식으로 이렇게 말했답니다. "얼마나 있어야 충분한 지 나도 좀 알려주게" 그의 대답은 이랬습니다. "좋은 삶을 살기에 부족하지 않을 정도면 충분하지"

얼마가 필요한 지는 용도에 따라 달라집니다. 스키델스키교수가 말하는 '좋은 삶을 사는데 필요한 돈'은 그리 많지 않아도 될 듯합니다. 좋은 삶을 구성하는 대부분의 것들은 돈으로 살 수 없거나 돈이 많이 필요 없는 것들이기 때문입니다. 그러나 대한민국에서 비싼 아파트를 사는 것이 목표라면 평생을 바쳐서 벌어도 모자라겠지요.

"얼마나 있어야 충분한가?" 학생들에게 이 질문을 던지면 대개 쉽게 답하지 못합니다. 왜일까요? 대부분의 학생들은 돈은 많으면 많을수록 좋다고 막연하게 생각하고 있기 때문입니다. 막연한 것은 욕망의 대표적인 특징입니다. 욕망을 충족하는 데 필요한 돈은 '무한정'입니다.

여러 전공의 교수님들과 함께한 자리에서 이런저런 이야기를 하다가 퇴직한 한 대기업 임원의 이야기가 나왔습니다. 그는 퇴직 후에도 방에 여러 대의 모니터를 설치하고 주식 투자를 하고 있다고 합니다. 제가 알기로 그 기업 임원의 한 해 연봉은 저의 몇 배나 됩니다. 좋은 삶을 살기에 충분한 것이지요. 그런데 그는 왜 여전히 돈을 버는 데에 열을 올리고 있을까요? 아마도 그분은 좋은 삶에 대해 별로 고민해보지 않았거나 좋은 삶이란 돈이 충분한 삶이라 생각하고 있는 듯합니다. 그런 분들은 대개 미래에 대한 막연한 불안을 가지고 있습니다.

'이 정도면 됐어' 행복 지수가 높은 나라에 사는 사람들은 돈에 대한 이런 기준이 존재한다고 합니다. 덴마크에서 나온 개념인 '휘게라이프'나 스웨덴 사람들의 '라곰라이프'는 모두 '이정도면 충분해'라는 기준이 설정되어 있습니다. 과도한 소유를 위해 바치는 시간도 문제지만 지나친 소유 자체가 행복을 해친다는 생각을 하기 때문이지요. 불교에서 말하는 '무소유'의 철학과도 상통합니다.

'이정도면 됐어'라는 기준이 설정되어야 설령 어쩔 수 없이 경쟁 시스템에 몸담고 있다 하더라도 두려움이 줄어들 것입니다. 그래야 기준이 충족되면 경쟁체제에서 내릴 수 있습니다. 혹은 기준에 다다를 때까지 마음을 편히 먹고 천천히 갈 수도 있을 것입니다. 결국 문제는 좋은 삶에 대한 기준을 세우는 일입니다.

좋은 삶에 대한 기준을 세우는 일은 '욕망'이라는 종착역 없는 전차에서 내릴 준비를 하는 것이기도 합니다. 그런데 아이러니하게도 우리는 욕망이라는 전차에서 빠져나오는 것을 두려워합니다. 시스템이 위

낙 강고해서 다양한 방식으로 사람들의 궤도 이탈을 막고 있기 때문입니다. 휴대전화는 마치 바코드처럼 그들을 획일화시키고 원하는 방향으로 움직이게 하는 좋은 수단이 되어 버렸습니다. 예전 같으면 증권가의 몇 명만 보았을 경제 관련 기사들이 포털사이트를 통해 끊임없이 노출됩니다. 남북 간의 종전 협의 뉴스와 연예인의 다이어트 소식이 동일한 수준으로 취급됩니다. 아파트를 사지 않으면 미래가 없는 것처럼 몰아치고, 끝없이 많은 맛집들이 유혹합니다.

충족의 기준을 설정해야 하는 이유는 간단합니다. 욕망은 충족될 수 없기 때문입니다. 심지어 지금 대한민국 욕망의 전차는 만석입니다. 과거에는 대한민국에서 가난한 아버지를 만난 사람이 할 수 있는 거의 유일한 욕망의 전차를 타는 방법은 학벌을 높이는 것이었습니다.

2016년을 기준으로 고위공무원의 약 55.2%가 SKY대학(서울대가 33.7%)이었습니다. 2013년 48%에서 3년간 7.2%가 증가했습니다. 법관의 82%가, 지역구 국회의원의 48.2%가 SKY대학 출신입니다. 우리나라 500대 기업 최고경영자의 절반 정도가 그렇습니다. 실력 대신 학력으로 지위와 재화를 분배하는 '학력주의 사회'의 대표적인 국가가 대한민국입니다.

이 자료만 보면 그래도 공부만 열심히 하면 길이 있을 듯 보이지요? 그런데 좀 더 심각한 문제가 있습니다. 그 SKY대학을 다니는 아이들이 대부분 돈 있는 부모님을 두고 있다는 사실입니다. 2017년 한국장학재단의 분석에 따르면 SKY대학에 다니는 학생의 부모 중 73.1%

가 상류층(소득 상위 9~10분위)에 해당된다고 합니다. 한 연구에 따르면 로스쿨 재학생 78%의 가구 월평균 소득이 1,306만 원이었다고 합니다 (2015년 기준). 부모의 경제적 자산이 자식의 학벌도 만들어내고, 직업마저도 결정하는 만능 열쇠가 되어버린 것입니다. 결국 부모 잘못 만난 사람은 욕망의 전차를 타고 달린다 하더라도 원하는 성공을 거두기가 매우 어려운 세상이 되어버렸습니다.

다시 지금 당신이 목표를 이루는 데 필요한 능력이 어느 정도 인지 객관적으로 평가해보세요. 욕망의 전차의 티켓을 살 만한 정도가 되나요? 당신은 퇴임 후에도 여전히 더 많은 돈을 갈망하며 주식투자로 여생을 보내고 싶습니까? 그리고, 자녀도 그러한 욕망의 전차에 태우실 건가요?

나의 소비 성향 파악하기

[나의 한 달 수입과 지출 내역을 적어보세요]

나의 한 달 **평균 수입**은?

*수입 상세 내역

_____

_____

_____

나의 한 달 **평균 지출**은?

*지출 상세 내역

_____

_____

_____

단돈 천 원이라도
사회적 보험에
꾸준히 투자하라

──────────── 한국사회를 끌고가는 가진 자들의 입장에서 보면 지금처럼 한국의 대학생들을 쉽게 컨트롤할 수 있었던 시기는 아마도 없었을 것입니다. 1990년대 이전 경제 호황 시절, 우리나라 기업들은 인력난에 시달렸습니다. 자리는 많고 일할 사람이 적다보니 회사는 월급을 주면서 노동자를 모셨습니다. 비정규직 같은 차별 대우는 시도조차 할 수 없었고, 인턴제도 같은 개념도 없었습니다.

시대가 바뀌었습니다. 이제는 기업이 절대적으로 유리한 세상이지요. 인력은 넘쳐나고, 비정규직이 아니라 인턴이라도 모집만 하면 줄을 서는 청년들이 넘쳐납니다. 노동 조건은 점점 나빠집니다.

이런 시대에 '을'의 입장인 청년들은 어떻게 해야 할까요? 누가 뭐라고 해도 생존권이 제일 중요하니 입에 풀칠을 하기 위해서는 할 수 없이 그들과 손을 잡아야겠지요. 먹고는 살아야 하니까요. 그런데 말입니다. 열심히 노력해서 나는 예외가 된다 하더라도 기억해야 할 것이 있습니다. 악화된 노동 조건은 결코 갑들이 해결해주지 않는다는 것입니다. 을인 당신이 해결하거나, 또 다른 을인 당신의 친구가 해결해야 합니다. 대기업에 들어간다고 당신의 생존권이 보장되지 않습니다. 40대에 떠밀리듯 퇴직할 가능성이 높습니다. 내가 더 잘해서 나는 예외가 되어도 내 배우자가 희생양이 될 수 있고, 내 자식은 더욱 가혹한 생존망의 위기에 놓일 수 있습니다.

최저임금 몇천 원 올렸다고 천지개벽이라도 일어난 것처럼 난리를 치는 가진 자들의 탐욕을 한번 보십시오. 최저임금이란 말 그대로 누군가에게 살아가는 데 필요한 최소한의 돈입니다. 최저임금은 인간이 인간을 대하는 최소한의 예의이지요. 최저임금을 대하는 태도를 보면 그들이 만들고자 하는 세상은 사람이 사는 세상이 아니라 돈이 사는 세상임을 새삼 깨닫습니다. 결국 이런 구조를 바꿀 수 있는 사람은 평범하거나, 가난한 아버지를 만난 '을'들, 즉 이 사회를 구성하는 평범한 사람들인 우리입니다. 사회운동가가 되거나 국회 앞에 달려가 시위를 하라는 뜻이 아닙니다.

물론 그러는 사람들도 있어야 합니다. 어쩌면 그런 사람들 덕분에 우리는 각자 먹고사는 문제에만 매달려도 그럭저럭 좀 더 나은 세상에 살 수 있게 된 것입니다. 이번에 최저임금을 올린 것도 그런 수많은 시민 히어로들의 노력이 있었습니다. 그러나 이 문제는 그런 몇 사람의 전투로 해결될 수 없습니다.

청년실업 문제는 큰 싸움입니다. 5년짜리 정부를 압박해서 해결될 수 있는 일이 아닙니다. '고용률 상승' 같은 몇 가지 지표로 이야기할 수 있는 문제가 아니기 때문입니다. 경제지상주의적 가치관과 성장지상주의적 시스템과 싸워야 합니다. 일단 지금은 스스로 그 시스템으로부터 탈출을 준비할 때입니다.

지금 한국사회에서 그가 어떤 사람인지 알려면 저는 우선 두 가지를 봅니다. 하나는 아버지 직업이고, 다른 하나는 그가 수입을 어떻게 쓰느냐입니다. 아버지 직업은 대개 그 사람의 능력과 살아온 길을 볼 수 있게 해줍니다. 돈을 어떻게 쓰느냐는 현재 그의 가치관을 엿볼 수 있게 합니다. 예나 지금이나 청년들은 늘 혼자 쓰기도 빡빡한 용돈으로 살아왔습니다. 어쩌면 돈 쓰는 방식이랄 것도 없이 모두 생존비용이라고 변명하고 싶을지도 모릅니다.

하지만 지금 청년들이 용돈을 쓰는 것을 보면 전과 좀 다른 부분이 있습니다. 이전에는 없었지만 지금은 필수가 된 휴대전화 요금입니다. 대부분의 학생들이 5만 원에서 10만 원을 휴대전화를 유지하는 데 사용합니다. 또 다른 점이 있습니다. '사치비용'이 많다는 사실입니다. 패션, 음식, 여행 등에 이전 세대에 비해 훨씬 만은 돈을 지출합니다. 물론 우리의 작은 사치는 과소비의 의미를 넘어 자신에게 주는 '작은 선물'의 의미를 지닙니다. 그것마저도 없다면 팍팍한 하루를 버티기 힘들 테니까요.

사치비용 자체는 큰 문제가 아닙니다. 중요한 점은 그 비용을 마련하기 위해 대부분의 청년들이 아르바이트 전선으로 내몰린다는 사실입니다. 아르바이트를 하지 않고는 원하는 생활을 유지하기가 어렵습니다. 일 평균 2~3시간씩 아르바이트를 하는 청년들은 평일에는 지친 몸으로 근근이 수업을 따라가고, 주말에는 짬을 내어 소소한 사치를 누립니다. 사회적 가치를 고민할 시간도, 사회적 연대를 시도할 여력도 없습니다. 이것이 지금 청년들이 보수화되는 데에 큰 역할을 한 것으로 판단됩니다. 미국의 교수 마크 바우어라인은 그의 저서에서 이런 세대를 '가장 멍청한 세대'라고 표현했지요.

저 역시 이 점이 걱정됩니다. 지금 자신들에게 닥친 위기를 인지하고 그것을 헤쳐 나갈 인식이 부족하다는 것입니다. 문제의식을 가지고 같은 목소리를 결집시킬 청년 조직도 별로 없습니다. 사회적 이슈에 대한 그들의 목소리를 낼 전통적인 조직은 거의 해체되어 버렸고, 새로운 조직은 만들어질 기미가 보이지 않습니다. 물론 이런 마음을 가진 청년들이 전혀 없는 것은 아닙니다. 다만 파편화된 채 인터넷 상에서 필요할 때 모였다가 필요가 없어지면 사라지는 형태로 활동하곤 합니다. '촛불혁명'의 과제였던 유동성의 문제가 지금 대학생들의 사회활동에서도 똑같이 존재하는 셈입니다.

그렇다면 이제 우리는 무엇을 해야 할까요? 사회적 가치를 높이는 데에 돈을 써 보십시오. 저는 이것을 '사회적 보험'이라고 부릅니다. 맛집 한 번 갈 돈을 모아서 책 한 권 사보고, 휴대전화비를 줄여 기본소득 지지자 모임을 결성해보세요. 당장 휴대전화를 버리고 아르바이트를 하지 않기로 결심했다고요? 물론 그런 혁명적인 방법을 취해보는 것도 좋습니다. 자발적 왕따가 되어 남는 시간이 많아지면, 저성장 시대에 적합한 지속 가능한 삶을 사는 사람들을 한 번이라도 더 만나볼 수 있을 것입니다. 생각보다 우리 사회에도 그런 삶을 사는 사람들이 많이 있습니다. 뒤에서 좀 더 본격적으로 이야기해 봅시다.

내가 생각하는 사회적 가치

[아래 질문에 답해보세요]

돈을 벌어서 **하고 싶은 일들**을
적어보세요.

_____

_____

_____

_____

_____

내가 생각하는 가장 **이상적인 마을**을
구상해보세요.

_____

_____

_____

_____

_____

지금 **내가 처한 문제**를 해결하기 위해서
선행되어야 할 **사회적 과제**는 무엇인가요?

_____

_____

_____

_____

_____

모두가
관심 가져야
할 것들

──────────── 청년들에게 당신이 힘을 쏟고 싶은 사회적 가치가 있느냐고 물어보면 답들이 참 궁색합니다. 대부분 빈칸이거나 한두 번 어디 가서 봉사했던 것들을 적어냅니다. 사회적 가치가 있는 일에 대한 관심이나 참여가 참 적습니다.

우리 사회에 사는 사람들 모두가 가지고 있는 문제를 해결하기 위해 어떤 역할이든 하고자 하는 사람이 드뭅니다. 돈을 벌면 집 사고 가족들과 행복한 가정을 꾸리겠다는 생각을 하는 이들이 대부분입니다. 미세먼지로 매일 난리인데도 미세먼지를 없애기 위해 뭐라도 하고 있는 청년을 발견하기가 어렵습니다. 청년실업 문제를 겪고 있는 당사자들임에도 불구하고 취업문제를 해결하기 위한 사회적 노력을 하는 학생은 드뭅니다. 평화체제를 구축할 수 있는 절호의 기회가 와 전 지구가 들썩이는 데도 삼류 연예인 한 명이 나타났을 때 보이는 반응조차 보이지 않습니다. 이 모든 것들이 결국 누군가는 자신을 바쳐서 힘을 보태야 이루어지는 일인데 말입니다.

청년들이 이 지경이 되는 데는 주변의 환경도 큰 영향을 미쳤습니다. 교육이 수요자 중심으로 변하고, 언론이 상업화되고, 정치가 여론에 민감한 영향을 주면서 언제부턴가 대중의 무지나 대중의 잘못에 대해 지적하는 글이나 말들이 사라지고 있습니다. 대학도 마찬가지입니다. 학생들에게 쓴소리를 하는 교수가 사라져가고 있습니다.

어느 순간부터 대학에서는 모든 사회적 이슈가 사라져버렸습니다. 좋게 생각하면 노동 현장이나 인터넷으로 옮겨갔다고 볼 수도 있을 것입니다. 그러나 현실은 그렇게 낙관적이지 않습니다. 대부분 학생들의 관심은 '나라도 어떻게 살아남아 얼마나 잘 사느냐'에 쏠려 있습니다. 물론 그런 관심 또한 매우 주체적이고 실존적인 것들이어서 잘 발아되면 주체적인 시민으로 성장할 수도 있을 것입니다. 저 역시 그렇게 되는 데에 힘을 보태고자 강의 시간에 쓴소리를 하고 있습니다.

행복연구자들에 의하면 지속가능한 행복은 결국 아리스토텔레스가 말한 '좋은 삶'에서 온다고 합니다. 좋은 삶이란 쉽게 말하면 '사회적으로 가치가 있는 일을 했을 때 생기는 기쁨'이라고 보면 됩니다. 이론만 그런 것이 아닙니다. 제 경험으로도 좋은 삶은 사는 사람들은 대개 행복해보였습니다.

평생을 '좋은 삶'의 길을 가고 있는 간디학교 교장이었던 양희창 선생님을 보면 실감합니다. 지금도 필리핀 어느 오지에서 태풍 피해를 입은 지역을 복구하고 학교를 세우는 일을 하며 아시아 청년들의 네트워크를 만들려고 하고 있는 그를 저는 '가난한 부자'라 부릅니다. 물리적인 돈은 남들보다 적을 지 몰라도 누구보다 행복하고 풍족한 삶을 살고 있기 때문입니다. 평생 해온 일이 그 어떤 일과 견주어도 녹록지 않은 것이었음에도 불구하고 늘 즐거운 표정입니다.

따지고 보면 그는 실제로도 부자입니다. 아시아 청년 네트워크 조직을 위해 필요한 적지 않은 돈도 양희창이라는 이름을 내세우니 순식간에 모이더군요. 저도 그의 메시지 한 통이면 자동인출기처럼 돈을 보내게 됩니다. 그가 하는 일은 좋은 일이라는 믿음이 있기 때문입니다. 입으로만 떠들면서 잘 먹고 잘사는 나 대신에 좀 더 좋은 세상을 만들어주는 데에 대한 감사의 표시를 하는 것입니다.

저도 작게나마 꾸준히 사회적 가치를 만드는 데에 힘을 보내면 그처럼 부자가 될 수 있지 않을까요? 제가 하는 일을 믿고 힘을 보태는 사회적 연대가 생겨날 테니 말입니다.

자, 이제 행복을 찾아 나설 때입니다. 당장 손에 쥐어지는 돈보다 사회적 가치를 소중히 여길 때 지속가능한 행복을 누릴 수 있습니다. 부자든 가난한 사람이든 말입니다. 이 이야기도 뒤에서 좀 더 자세히 해봅시다.

나를 둘러싼 사회적 연결망

[나를 도와줄 수 있는 사람,
내가 도와줄 수 있는 사람에 대해 생각해봅시다]

당신이 사고를 당해 응급실에 실려왔습니다.
병원비가 없을 때 병원비를 내 줄 사람이 누가 있을까요?
가족 외 사람으로 찾아보세요.

_____

_____

_____

_____

_____

_____

곤궁에 처하면 열 일 제치고
달려와 도와줄 사람이 있나요?

지금 내가 살고 있는 집의 보증금을 빼서라도 말이죠.

돈으로
살 수 없는 것

———————— 저는 거의 대부분의 SNS를 하지 않지만 가끔 휴대전화에 저장되어 있는 사람들의 모바일 메신저 프로필을 살펴봅니다. 프로필에서 볼 수 있는 것이라 해봤자 한두 문장의 상태메세지나 사진 몇 장이 전부입니다만, 가끔 세상살이가 녹록지 않아 혼자 버틸 수 없을 때, 그중에 누가 날 위로해줄 수 있을까 세어볼 때도 있습니다. 그러다 섬뜩해져서 중간에 그만둡니다. '이러다가 아무도 없는 것 아냐?'라는 생각이 들어서 말입니다. 차라리 모르는 게 약이라고, 방어기제가 발동해 저절로 손이 멈춥니다. 아무도 없다면 어떡할 것인가, 그런 불안이 저에게는 늘 있습니다.

친구들 중에는 아직 부모님이 살아계신 녀석들도 있습니다. 그 친구들에게 농담 반 진담 반 '너는 아직 애야'라고 말하곤 합니다. 돌아보면 인생에서 가장 주체할 수 없이 무너졌던 때가 홀어머니를 보내드리고 돌아올 때였습니다. 어릴 때 시골에서 비가 억수같이 쏟아지는 날이면 강물에 살림살이며 가축들이 떠내갔는데 그때 느꼈던 하늘이 무너진 듯한 느낌이, 몇만 배로 몰려왔습니다. 모든 것을 가족의 책임으로 돌려놓은 한국사회에서 홀어머니의 죽음은 하늘이 무너진 것 이상이었습니다. 그날 이후로 저는 몸뿐만 아니라 심리적으로도 고아가 되었습니다. 큰 비는 대개 며칠이면 그쳤지만 혼자 남았다는 존재의 불안은 그 뒤로 사라지지 않았습니다. 힘들 때마다 '내 곁에 아무도 없으면 어떡하나' 하는 불안에 시달리곤 합니다. 말이나 마음의 위로를 받을 곳이야 여기저기 많지만, 정작 이 사회를 살아가는 데 가장 중요한 돈이 필요할 때는 도와줄 사람이 거의 없는 듯 합니다.

'팔각공동체'라는 허무맹랑한 구상을 떠벌이기 시작한 것이 아마도 그즈음부터였던 것 같습니다. 좋은 사람들끼리 모여 팔각형의 집을 짓고 가운데 식탁을 놓고 따로 또 같이 살자는 저만의 유토피아입니다. 좋은 사람들이 생길 때마다 프로포즈를 했습니다만 아직 완성되지 못했습니다.

지금 이 시스템은 경쟁체제입니다. 경제지상주의가 주류의 이데올로기이지요. 이 시스템 안에서 만나는 사람들은 부모를 빼고는 대부분 경제지상주의적 가치를 가진 경쟁자들입니다. 물론 친구 같은 존재는 그 바깥에 있어야 합니다. 친구는 '돈으로 살 수 없는 것들' 중 대표적인 것이지요. 그러나 마이클 샌델 교수의 분석처럼 이 시스템은 돈으로 살 수 없는 것들조차 돈의 세계로 끌어들이고 있습니다. 경제학자 칼 폴라니(Karl Paul Polanyi)는 일찍이 이 시스템이 가진 본성을 파악하고 이 시스템을 '사탄의 맷돌'이라고 불렀지요. 사탄의 맷돌은 친구까지도 이미 삼켜버렸습니다.

언제부턴가 "친구와도 돈거래는 하지 말라"는 말이 우리 사회의 불문율처럼 나돌고 있습니다. 언뜻 들으면 돈거래로 친구 관계를 망칠 수 있으니 조심하라는 금언처럼 들립니다. 그러나 곰곰이 생각해보면 좀 이상합니다. 이 체제에서 가장 소중한 것이 돈인데 친구하고 돈거래를 않는다면 그것이 진정한 친구일까요? 또 궁금해집니다. 친구한테도 내줄 수 없는 것이 돈이라면 그 돈은 도대체 어디에 쓰는 물건인가요?

많은 학생들은 경제적으로 어려울 때 도움을 받을 수 있는 친구가 별로 없다고 적습니다. 솔직히 고백하면 저 역시 마찬가지입니다. '내가 이 학교에서 해고되면 경제적으로 도움을 줄 사람이 있을까?'라는 생각을 해볼 때 저 역시 거의 비슷한 상황에 처합니다. 여러분도 저도 대부분 외톨이입니다. 친구는 많습니다만 정작 중요한 돈까지 주고받는 친구는 몇 명 되지 않습니다.

이 시스템에서 이런 문제가 생기리라고 진즉에 예언해 온 사람들이 있습니다. 이른바 '공상적 사회주의자'라고 불리는 로버트 오언(Robert Owen), 푸리에(C. Fourier), 생 시몽(C. H. Saint-Simon) 등이 그런 사람들입니다. 그들은 우리가 고독을 느끼는 이유는 개인의 특성이라기보다 경제지상주의와 경쟁체제를 모토로 삼는 자본주의라는 시스템의 문제 때문이라고 보았습니다. 이런 문제는 모여 살아야 해결될 수 있습니다. 그래서 남과 나 사이의 벽을 허물고 모여 사는 공동체를 대안으로 제시합니다. 그냥 사람만 모으는 것이 아니라, '우애'를 바탕으로 모인 사람들입니다.

오언은 경제적 조건이 아닌 우애에 기초한 협력식 공동체를 만들고자 했습니다. 그래서 농사를 짓고 필요한 대부분의 것들은 직접 만들어 사용하는 자급자족할 수 있는 경제시스템을 구축했습니다. 숙소, 식당, 조리실, 학교, 도서관, 회의실, 예배시설, 진료소 등이 모두 공동체 내에 만들어졌습니다. 그리고 모두 공유했습니다.

푸리에식 공동체도 오언과 비슷합니다만 오언이 사유(私有)를 완전히 배제한 데 반해 푸리에는 노동의 양, 기탁한 자본의 크기, 재능에 따라 일정 정도 소득을 차등 분배하고 소유를 인정했습니다. 좀 더 현실적인 셈이지요. 생 시몽은 가장 철저하게 사유를 제한한 공동체를 꿈꾸었습니다. 부부나 가족조차 독점을 인정하지 않았을 정도입니다.

그들이 구상한 공동체는 1000명 내외의 소규모 단위로 구상된 것들이어서 국가 단위나 지구 단위로 확대하는 데는 근본적인 한계를 지닌 것들이었습니다. 그래서 이들을 '공상적 사회주의자'라고 부르지요. 그러나 기억할 명확한 메세지는 있습니다. 지금 우리가 느끼는 외로움은 대부분 이 시스템에서 오는 것이며, 그것은 돈을 초월한 우애를 바탕으로 한 공동체적 연대 없이는 극복하기 힘들다는 것입니다. 외로울 때 한두 마디 위로나 주고받는 친구들로는 이 외로움이 극복되지 않습니다. 존재의 불안은 자신에게 가장 소중한 것까지 주고받을 수 있는 친구가 있어야 하고 그들과 어떤 형태로든지 더불어 살아야 극복될 수 있습니다.

민기는 저의 제자이자 제 수업을 대부분 찾아 듣는 학생 중 한명입니다. 이 친구가 어느 날 집을 나와 셰어하우스를 시작했다고 했습니다. 불광동 청년 허브에서 만난 사람 다섯 명과 200만 원씩을 모아 주택 한 층을 빌렸다는 것입니다. 두 명이 한 방을 쓰고, 거실은 다 같이 모일 때 사용합니다. 요리가 취미인 사람이 있어서 그가 요리사를 자처했다고 합니다. 설거지는 다 같이 합니다. 옷은 내의 빼고 모두 공유한다고 했습니다. 집에서 사는 것보다, 혼자 사는 것보다 행복하다고 했습니다. 그날도 민기는 같이 사는 홍대 클럽에서 노래를 하는 가수의 가죽 자켓을 걸치고 왔습니다. 매일 요리사 수준의 동거인이 해주는 맛있는 음식을 먹어 행복하고, 갑자기 옷이 다섯 배로 늘었다고 자랑을 합니다. 200만 원으로는 엄두도 낼 수 없었던 넓은 집을 사용할 수 있는 것도 큰 장점이라고 합니다.

이 시스템을 찬양하는 사람이던 아니던 분명한 것은 이 시스템이 내뿜는 독기를 제어할 공동체적 연대가 필요하다는 점입니다. 종교단체도 그중 하나겠지요. 종교단체들 중에서도 우애를 기초한 연대들이 더 많아져야 우리의 삶이 풍족해지고 우리나라가 좀 더 살만한 곳이 될 것입니다.

모든 것을 함께 공유하는 자급자족 단체일 필요는 없습니다. 부문별 공동체도 얼마든지 가능합니다. 지금 한걸음을 내디뎌야 앞으로의 우리 삶이 좀 더 든든해질 것입니다.

나를 행복하게 하는 것

[돈 들이지 않고도 행복한 일을 100가지 적어보세요]

1. _____ 2. _____ 3. _____ 4. _____ 5. _____

6. _____ 7. _____ 8. _____ 9. _____ 10. _____

11. _____ 12. _____ 13. _____ 14. _____ 15. _____

16. _____ 17. _____ 18. _____ 19. _____ 20. _____

21. _____ 22. _____ 23. _____ 24. _____ 25. _____

26. _____ 27. _____ 28. _____ 29. _____ 30. _____

31. _____ 32. _____ 33. _____ 34. _____ 35. _____

36. _____ 37. _____ 38. _____ 39. _____ 40. _____

41. _____ 42. _____ 43. _____ 44. _____ 45. _____

46. _____ 47. _____ 48. _____ 49. _____ 50. _____

51. _____ 52. _____ 53. _____ 54. _____ 55. _____

56. _____ 57. _____ 58. _____ 59. _____ 60. _____

61. _____ 62. _____ 63. _____ 64. _____ 65. _____

66. _____ 67. _____ 68. _____ 69. _____ 70. _____

71. _____ 72. _____ 73. _____ 74. _____ 75. _____

76. _____ 77. _____ 78. _____ 79. _____ 80. _____

81. _____ 82. _____ 83. _____ 84. _____ 85. _____

86. _____ 87. _____ 88. _____ 89. _____ 90. _____

91. _____ 92. _____ 93. _____ 94. _____ 95. _____

96. _____ 97. _____ 98. _____ 99. _____ 100. _____

──────── 많은 현대인들이 소비를 통해 즐거움과 위로, 행복을 얻습니다. 그러나 돈을 전혀 쓰지 않고도 즐거움과 행복을 느낄 수 있지요. 봄이 되어 새싹이 돋아나는 모습을 보며, 여름 밤에 시원한 바람을 느끼면서 걷는 순간, 친구와 생각이 통하는 짜릿함에서 우리는 행복을 느낍니다.

돈을 쓰지 않고도 행복을 느낄 수 있는 것들을 한번 나열해보세요. 이것이 많으면 많을수록 당신은 주변 환경에 쉽게 흔들리지 않는 행복한 사람이 될 것입니다.

우리는 많은 정체성을 가지고 있습니다. 누구의 자식이고, 어느 대학의 학생이며, 미래의 노동자이고, 대한민국 국민이며, 지구인입니다. 그리고 살아 있는 동물입니다.

동물로서의 정체성에서 벗어나 살 수 있는 사람은 없습니다. 동물은 인간의 가장 포괄적인 정체성이기 때문입니다. 오늘도 살아 있는 동물답게 살아갑시다. 세포 하나까지 꿈틀거리며 행복을 만끽하며 우리를 구속하는 많은 것으로부터 자유로워집시다. 짐승의 야성을 회복합시다.

돈없이 즐겁게 사는 것. 그것이 바로 야성입니다. 돈없이 행복할 수 있는 것이 많으면 많을수록 당신은 자유인입니다.

SELF

DISCOVERY

BOOK

#2

Way finding

나의 길 찾기 •••

가치관에 따라 삶은 3개 코스로 분류된다.

A코스(시장주의자): 이 시스템에서 성공해서 돈벌어 행복하려고 하는 사람
B코스(행복주의자): 돈이나 성공보다 행복이 우선인 사람
C코스(시민주의자): 돈, 개인의 행복보다 다수가 행복한 시스템 구축에 관심을 두는 사람

이 3가지 코스는 그 코스를 살아갈 개인의 능력에 따라 각각 3가지 등급으로 구분된다. A코스는 자기자본지수, B코스는 자기행복지수, C코스는 자기시민지수에 따라 각각 A, B, C등급으로 나뉜다.

3가지 코스는 가고자 하는 길에 따라 각각 3가지 유형으로 나뉜다. A코스는 자산증식형, 여가형, 사회적책임형으로, B코스는 노동행복형, 탈도심형, 게으를권리형으로 나뉜다. C코스는 사회적경제형, 생태형, 공동체형으로 나뉜다.

이 책은 나와 시스템의 관계에 따라 삶의 형태를 27개 유형으로 나눌 것이다. 나는 이 중에 어디에 속하는지 생각해보자.

삶은 3개 코스,
3가지 등급,
3가지 유형으로
분류된다

───────── 이 장에서는 내가 누구인지 파악하기 위해 우리의 삶을 몇 가지 형태로 유형화시켜볼 생각입니다.

물론 당신은 이 지구에서 오직 단 하나 밖에 없는 유일한 존재입니다. 결코 유형화시킬 수 없는 존재입니다. 그러나 다소 인위적으로라도 개념화시키고 유형화시키는 이유는, 존재를 파악할 수 있는 하나의 좋은 방법이기 때문입니다.

저는 한국사회를 사는 사람들의 삶을 모두 27가지 형태로 유형화시켜볼 생각입니다. 먼저 가치관에 따라 시장주의자, 행복주의자, 시민주의자 세 가지 코스로 나눌 것입니다. 한국사회를 살아가는 사람들이 추구하는 가장 대표적인 코스입니다. 저는 A코스, B코스, C코스라 부릅니다. 여기서 말하는 A코스는 한국 자본주의 시장경제체제 내에 적극적으로 편입해서 좀 더 높은 값에 자신의 가치가 팔릴 수 있도록 노력하는 사람들입니다. 한국사회 주류의 삶의 형태이지요. B코스는 돈보다 행복에 더 우선 가치를 두는 삶입니다. 시장주의자들과 달리 경제체제로부터 일정 정도 빠져나와 있고, 돈이 최고라는 가치체계로부터 자유롭습니다. C코스는 개인의 행복보다 더불어 같이 행복한 삶을 추구하는 사람들이 속합니다. B코스와 다른 점은 마을이나 국가, 또는 지구를 삶의 범주로 두고 같이 더불어 행복할 수 있는 방법을 추구한다는 점입니다.

자본주의 한국사회를 사는 데 두 번째 중요한 사항은 각자의 능력입니다. 저는 이것을 '자기능력지수'라는 개념으로 수치화해보았습니다. 어느 코스든 자신이 살고자 하는 길을 갈 능력이 있어야 행복할 수 있겠지요. 자기능력지수는 세 가지가 있습니다. '자기자본지수', '자기행복지수', '자기시민지수'가 그것입니다. 각각 세 개의 등급으로 분류해볼 것입니다.

세 번째로는 각자 가고자 하는 길을 각 코스별로 3가지로 분류해 볼 생각입니다. 이것은 가치관을 성취하기 위한 수단이나 방법을 의미합니다. 직업일 수도 있고, 일거리일 수도, 생활공간일 수도 있습니다. 보통 학생들은 이 영역을 '꿈'이라고 말하곤 합니다.

A코스는 '자산증식형', '여가형', '사회적책임형'으로 나눕니다. 시장주의자들이 가장 많이 걷는 길을 대별했습니다. B코스는 '노동행복형', '탈도심형', '최소소비형'으로 나눕니다. 행복주의자들이 선택하는 가장 대표적인 형태입니다. C코스는 '사회적경제형', '생태형', '공동체형'으로 나누어집니다. 지금 한국사회에서 가장 필요한 시민적 과제가 바로 이 세 가지라 생각합니다.

　자, 지금부터 나는 어느 코스, 어느 등급, 어느 유형의 삶을 살고
있는지 점검해봅시다. 세 가지 코스, 세 가지 등급, 세 가지 유형으로 나
눌 때 총 27가지 유형이 나타납니다. 나는 어떤 유형과 가까운 사람인
가요?

내가 택한 길은?
A코스, B코스, C코스

──────────── 앞에서 간단하게 설명했던 대로 한국사회를 사는 사람들의 가치관을 저는 크게 세 가지로 나누어 보았습니다.

A코스는 '시장주의자 코스'입니다. 지금 이 시스템 안에서 성공의 사다리를 올라 돈을 벌고, 그 돈을 소비함으로써 행복을 누리려는 사람들이 걷는 길입니다. 호모 이코노미쿠스(Homo Economicus)라고도 부릅니다. '경제적 동물'이라는 뜻이죠. 인간의 다양한 속성 중 경제적 행위를 가장 먼저 두는 유형을 일컫습니다.

B코스는 '행복주의자 코스'입니다. 돈보다 행복에 더 중점을 두는 사람들이지요. 돈을 벌고자 하지만 그것은 행복을 위한 수단으로 생각합니다. 고대 그리스의 철학자 아리스토텔레스가 '행복론'에서 이야기한 호모 유데모니아(Homo Eudaimonia)를 추구하는 사람들입니다. 유데모니아라는 '부끄럼없이 추구할 수 있는 행복'이라는 뜻을 지닌 그리스어입니다. '부끄럼없이 추구한다'는 것은 쉽게 말하면 남에게 피해를 입히지 않으며 추구한다는 뜻입니다.

C코스는 '시민주의자 코스'입니다. 돈이나 개인의 행복보다 다수

가 행복한 시스템을 구축하는 데 관심을 두는 사람들을 말합니다. 이들을 호모 레시프로칸스(Homo Reciprocans)라고도 부릅니다. 레시프로칸스란 '상호적'이라는 뜻입니다. 호모 레시프로칸스란 상호적인 인간이라는 뜻이지요. C코스는 사람은 서로 의지하고 살아야 행복할 수 있는 존재라는 사실을 믿고 그런 세상을 만들기 위해 노력하는 사람들이 걷는 길입니다.

A코스[*]

A[*]코스

[호모 이코노미쿠스(Homo Economicus) 코스 / 시장주의자 코스]

A코스의 특징

- 대체적으로 자본주의적 시장경제체제에 만족한다.
- 시장의 자율성이 최고로 효율적인 질서임을 믿는다.
- 금융자산, 인적자본, 타인의 인정을 늘리는 것을 목표로 일한다.
- 'No money, no freedom(돈 없이는 자유를 누릴 수 없다)'는 세계관을 가지고 있다.
- 좋은 회사, 안정된 직장, 행복한 가족 등을 중시한다.
- 돈의 가치를 사람 사이의 관계보다 우위에 둔다.

A코스 판별법

좀 더 구체적인 질문으로 당신이 A코스를 가고 있는지 파악해보겠습니다. 시장주의자들은 대략 4가지 정도의 큰 특징이 있습니다. 경제를 어떤 가치보다 우위에 놓는 경제지상주의, 경쟁체제 수용, 과도한 소비자적 정체성, 타인의 시선 의식 등이 그것입니다. 다음 질문을 보고 나는 몇 개나 해당되는지 체크해보세요.

	질문	Yes/No
경제지상 주의	더 높은 학력, 더 나은 연봉을 주는 직장, 더 비싼 아파트를 가지기 위해 지속적으로 노력하고 있다.	
	돈 없이 행복해질 수 있는 방법에 대해 잘 알지 못한다.	
	내가 생활 곤란에 빠졌을 때 도움을 줄 사람이 가족 이외에는 없다.	
	용돈 중 모르는 사람을 위해 사용하는 돈은 별로 없다.	
경쟁체제 수용	자신의 꿈이 미래의 직업이거나 더 나은 경제적 여건이다.	
	다른 사람과 비교하는 데 익숙하고, 상대적 열등감이나 우월감을 느끼는 경우가 많다.	
	대체적으로 남들처럼 평범한 삶을 사는 편이다.	
	알 수 없는 불안을 느낀다.	
소비자적 정체성	좋아하는 것 중 돈이 들어가는 것이 많다.	
	지금보다 더 비싼 집에서 살고 싶다.	
	사회적으로 의미 있는 일을 하기 위해 노력해본 적이 별로 없다.	
	좋아하는 것이 다른 사람들과 비슷하다.	
타인의 시선	남을 비난하는 일이 잦다.	
	다른 사람과 비교하는 말버릇이 있다.	
	남들이 하는 대로 하면 편안하다.	
	셀카를 자주 찍거나 내가 나온 사진에 포토샵 처리하는 것을 좋아 한다.	

당신은
A코스인가?

앞의 16가지 질문 중 반 이상에 **Yes**라고 답했다면 당신은 **A코스**일
가능성이 높습니다. 우리 사회의 대부분은 A코스를 걷고 있거나 걷
고자 합니다. A코스를 걷는 사람들은 B코스나 C코스를 걷는 사람
들에 비해 좀 더 불안하거나 불행할 가능성이 높습니다. 늘 치열한
경쟁 속에서 살아야 하는 A코스의 사람들은 의도하지 않더라도 남
들에게 피해를 끼칠 수 있다는 특성을 가지고 있습니다.

A코스의 세 가지 등급

당신이 A코스라면 이제 A코스를 성공적으로 걷기 위해 필요한 능력을 점검해봅시다. 이 작업은 나와 내가 선택한 코스와의 적합도를 판단하기 위해 필요합니다. 일종의 '궁합'이라고도 볼 수 있겠죠.

A코스에서 가장 필요로 하는 능력은 '자기자본'입니다. 나의 자기자본 지수를 체크해볼까요?

자기자본은 크게 경제적자본, 사회적자본, 문화적자본으로 구성된다. 이 도구는 피에르 부르디외(Pierre Bourdieu)의 자본 분류법을 바탕으로 로버트 퍼트넘(Robert David Putnam), 앤서니 기든스(Anthony Giddens) 등의 이론을 차용하여 개인적 체크 도구로 변형하였다.

- 문화적 자본개념은 부르디외의 것을 빌렸지만 사회적 의미는 배제하고 개인적 영역에 한정해서 사용하였다.
- 사회적 자본 개념도 퍼트넘이 말하는 사회적 자본과는 달리 공공적 네트워크를 제외한 개인적 네트워크 측면만 한정적인 것으로 사용하였다.
- 자기자본지수는 1. 경제자본, 사회자본, 문화자본 중 경제자본의 가중치를 높게 두었고, 2. 경제자본 중 소득보다 자산의 가중치를 높게 두었으며, 3. 향후 개발 가능한 자기 능력의 한계를 설정하였다.

자기자본지수 계산법

지금부터 A코스를 걷는 데 가장 중요한 자기자본지수를 계산해보겠습니다.

[점수 기준]

1. **주택:** 서울 강남에 아파트를 가지고 있다면 20점, 서울에 전셋집을 가지고 있다면 10점, 아무 것도 없으면 0점

2. **금융자산:** 서울 강남에 아파트를 살 수 있는 수준 이상이면 20점, 전셋집을 얻을 수준이면 10점, 아무 것도 없으면 0점

3. **부동산:** 내가 사는 집 이외에, 서울 강남의 아파트 한 채 이상을 보유하고 있으면 20점, 전세를 끼고 집을 보유하고 있으면 10점, 아무 것도 없으면 0점

4. 주택, 금융자산, 부동산 중 어느 것이든 하나가 강남에 아파트 3채 이상 살 규모이면 60점

5. **직업:** 변호사, 의사 자격증에 준하는 전문직일 경우 20점, 중소기업 이상 규모의 정규직일 경우 10점, 아직 직업이 없는 경우 0점

6. **전문적 기술:** 그 기술만으로도 평생을 먹고 살 수 있는 수준일 경우 20점, 중소기업 이상 규모의 회사에 정규직으로 취업할 수준이면 10점, 특별한 전문 기술이 없으면 0점

7. **기타 항목:** 본인의 기준대로 한국사회에서 가장 높은 수준일 경우 20점, 가장 낮은 수준일 경우 0점.

자기자본지수

범주	항목 및 배점	점수
경제자본	주택보유 여부 (20)	
	금융자산 규모 (20)	
	부동산 (20)	
	직업 (20)	
	전문적 기술 (20)	
사회자본	부모 직업 (10)	
	집안 (10)	
	동문 (5)	
	인맥 (5)	
	경력 (10)	
문화자본	학벌 (10)	
	외모 (10)	
	외국어 구사능력 (10)	
	신뢰성 (5)	
	창의성 (5)	
	능동성 (5)	
	소통능력 (5)	
	공감능력 (5)	
	리더십 (5)	
합 계		

〈배점의 주요 근거〉

• 동국대학교 김낙년교수의 연구에 따르면 전체 자산 형성에 기여한 비중이 상속 증여가 1980년대 연평균 27.0%에서 2000년대 42.0%로 증가함.

• 노동연구원 홍민기 박사의 연구에 따르면 소득 상위 10%가 전체 소득에서 차지하는 비중이 1999년 32.9%에서 2014년 48.3%로 증가함.

• 2018년 12월 발표된 통계청의 자료에 따르면 전체 기업 수의 0.2%인 재벌기업이 2017년 전체 기업 영업이익의 41%를 차지함. 재벌 기업의 영업이익은 전년 대비 54.5% 늘어난 데 반해 고용은 전년 대비 0.1% 줌.

• 한국은행의 기업경영분석에 따르면 2018년 3분기 제조업 영업이익률은 대기업이 10.74%, 중소기업이 4.73%로 대기업 영업이익률이 중소기업의 두 배 이상 많음.

• 박남기의 연구에 따르면 2013년 고위공무원 중 SKY대학이 차지하는 비중은 48%이고, 행정고시 합격자는 약 70%, 국회의원 약 50%, 500대 기업 CEO 약 절반을 차지함. 한국상장회사협의회의 자료(2002)에 따르면 매출 상위 100개 회사 임원 중 72.6%가 SKY대학 출신임.

• 2017년 한국장학재단의 분석에 따르면 SKY대학에 다니는 학생의 부모 중 73.1%가 상류층(소득9~10분위)에 해당됨.

• 2017년 기준 서울의 상위권 15개 대학은 정원의 43.3%를 서울대는 78.5%를 학생부교과전형으로 뽑음. 학생부교과전형 합격자의 환경을 조사한 결과 월 소득 500만 원 이상 가구가 약 48.5%를 차지.

• 서울대학교 이재협교수의 연구결과에 따르면 2015년 기준 로스쿨 재학생 78%가 가구당 월 평균소득이 1,306만 원이었음.

당신은 *A코스*의 어느 등급인가요?

[A등급]

- 자기자본지수가 160점 이상인 사람 혹은 경제적 자본이 80점 이상인 사람
- 그 자체만으로 먹고살기에 충분한 돈을 벌 수 있는 외모나 운동 능력, 기술을 가진 사람

[B등급]

- 자기자본지수가 120점 이상 160점 미만인 사람
혹은 경제자본 60점 이상인 사람

[C등급]

- 총점 120점 미만인 사람

*A코스*의 세 가지 유형

당신이 A코스라면 이제 어떤 A코스의 어떤 유형인지 알아봅시다. 한국 사회에서 A코스를 가고자 하는 사람들은 대략 3가지 유형으로 정리할 수 있습니다. 자산증식형, 여가형, 사회적책임형이 그것입니다. 나는 어떤 유형일까요?

자산증식형(A유형)

- 얼마나 있어야 충분한 지 기준을 정하지 않은 채 더 많은 돈을 벌기 위해 지속적으로 노력하는 유형. 한국의 대기업 오너들이 대부분 여기에 속함.
- 재벌이 아니더라도 지속적으로 부동산이나 주식, 비트코인 등 비노동 소득에 관심을 두고 자산증식에 꾸준히 노력하는 유형.
- 자산을 확보하여 자산이 가지는 힘으로 행복해지고자 하는 유형.

여가형(B유형)

- "열심히 일한 당신, 떠나라!" 현실에서 벗어나기 위해 일하는 유형.
- 일 년을 일해 일주일 해외여행을 가고, 일주일 일해서 주말의 여가를 즐기는 유형

- 여가를 즐기고, 좀 더 안락한 휴식을 가지기 위해 열심히 일한 다는 점에서 자산증식형과 다르고, 경쟁체제를 벗어나지 않는 다는 점에서 B코스와 다름.
- 일반적으로 가장 많은 한국의 노동자들이 속하는 유형.

사회적책임형(C유형)

- 자본가의 경우, 경쟁체제 내에서 자산 증식을 목표로 살고 있지만 자산증식 과정에서 법을 준수하고, 증식된 자산의 일부를 지속적으로 사회에 환원시키는 유형. 이들의 준법, 봉사, 기부는 부의 불평등을 일부 해소시키는 역할을 수행함.
- 노동자의 경우, 노동을 통해 획득한 수입의 일부를 지속적으로 기부하거나 여가시간을 활용해 노동력을 사회봉사에 투자하는 유형. 그들의 기부나 봉사는 소외 계층에게 우애를 느끼게 해주고, 이웃에게 연대감을 선물함.

A 코스 9가지 유형

정리해보면 A코스에는 다음 9가지의 유형이 있습니다.

당신이 A 코스라면 당신은 어떤 유형인가요?

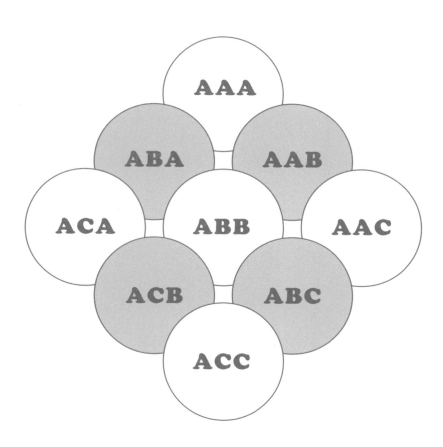

*B*코스

[호모 유데모니아(Homo eudaimonia)코스 / 행복주의자코스]

*B*코스의 특징

- 아리스토텔레스가 말한 즐거운 감정과 노동의 행복을 강조하는 유형.
- 만족스러운 삶의 기준을 정하고 그 안에서 충만한 삶을 추구.
- 경제적 충족보다 심리적이고 사회적인 자족을 중시.
- 이스털린 패러독스를 믿는 사람들이 선택.
- 경제자본보다 문화자본 획득에 관심을 가지는 유형.
- 사회적 관계나 자기결정권을 중시하는 유형.
- 경쟁체제로부터 자율성을 확보하고 있고 경제지상주의로부터 자유롭다는 점에서 A코스와 다르고, 집단, 협력, 우애보다 개인, 자율, 자유를 중시한다는 측면에서 C코스와 다름.

*B*코스 판별법

좀 더 구체적인 질문으로 당신이 B코스를 가고 있는지 파악해보겠습니다. B코스는 대략 4가지 정도의 특징이 있습니다. 경쟁체제와 경제지상주의로부터 자유롭고, 친자연주의적이며, 영성을 중시합니다. 당신은 몇개나 해당되는지 체크해보세요.

	질문	Yes/No
탈경제지상 주의	돈은 어느 정도만 가지면 된다고 생각한다.	
	비싼 집, 비싼 음식이라고 해서 더 좋은 것은 아니라고 생각한다.	
	대가 없이 타인에게 헌신할 때가 있다.	
	돈이 많으면 오히려 불행해질 가능성이 높다고 생각한다.	
탈경쟁체제	학벌, 대기업, 승진 등에 매달리지 않는다.	
	상대적 열등감이나 우월감을 느끼는 경우가 별로 없다.	
	자신의 꿈에 다른 사람과 더불어 행복한 것이 들어있다.	
	더불어 사는 것이 혼자 사는 것보다 좋다.	
친자연주의	자연과 더불어 사는 것의 즐거움을 잘 알고 있다.	
	텃밭을 일구거나 농사를 지어서 자급자족할 자신이 있다.	
	후대를 위해 자원을 아껴 써야 한다고 생각한다.	
	환경 오염을 줄이기 위해 다소 불편하게 살 자신이 있다.	
영성	내면의 불안을 스스로 조절할 수 있다.	
	자기 자신을 있는 그대로 보려고 노력한다.	
	고독, 침묵, 고요함을 사랑한다.	
	신이나 진리, 정의 등을 따르고자 노력한다.	

당신은
B코스인가?

앞의 16가지 질문 중 **Yes**라고 대답한 것이 **반 이상**이라면 당신은 **B코스**일 가능성이 높습니다. B코스라 해서 부자가 아니거나, 시골에서 살아야 되는 것은 아닙니다. 다만 좀 더 가난하고 소박하게, 그리고 친자연적으로 살아야 행복해질 가능성이 더 높습니다.

*B코스*의 세 가지 등급

당신이 B코스라면 이제 B코스가 필요로 하는 당신의 능력을 점검해볼 차례입니다. B코스에서 가장 필요로 하는 능력은 '자기행복지수'입니다. 당신의 자기행복지수가 얼마나 되는지 체크해봅시다. 각 항목 당 10점 만점이며 각자 기준에 따라 점수를 매기면 됩니다.

자기행복지수

	체크 리스트	점수
심리적 안녕	부정적 감정에 비해 긍정적 감정이 얼마나 더 높은가?	
	스스로 얼마나 부정적 감정을 컨트롤할 수 있는가?	
건강	신체적 건강을 점수로 매긴다면?	
	정신적 건강을 점수로 매긴다면?	
시간 사용	일과 휴식을 만족스럽게 배분하고 있는가?	
	자신이 원하는 대로 시간을 배분할 수 있는가?	
학습	더 나은 삶을 위한 지식을 쌓는 데 규칙적으로 시간을 할애하는가?	
	삶에서 더 나은 가치를 발견하기 위해 규칙적으로 노력하는가?	
문화활동	자주 즐기는 문화활동이 있는가?	
	돈을 들이지 않고 즐기는 여가활동이 있는가?	
정치 참여	기본권을 지키기 위해 정치 활동에 참여하는가?	
	사회적 불이익을 해결하기 위해 정치적인 행동을 하는가?	
지역사회 활동	이웃과 더불어 살기 위해 봉사나 기타 활동을 하는가?	
	살기 좋은 공동체를 만들기 위한 활동에 참여하는가?	
생태 보전	환경을 보호하기 위한 노력을 하고 있는가?	
	생태를 보전하기 위한 활동에 참여하고 있는가?	
기본 소득	만족스러운 삶을 살기 위한 최소한의 소득이나 터전이 있는가?	
영성	소득이 적더라도 정신적 만족감을 주는 가치나 믿음이 있는가?	
자립	자신의 힘으로 벌 수 있는 최소한의 소득으로도 행복하게 살 능력이 있는가?	
연대	임금을 받을 능력을 상실할 경우, 자신을 부양할 공동체나 동료가 있는가?	
총 점		

자기행복지수는 부탄의 국민총행복지수(GNH:Gross National Happiness), OECD의 더 나은 삶 지수(BLi:Better Life Index), 캐나다의 캐나다웰빙지수(CIW:Canadian Index of Well-being), 인간개발지수(HDI: Human Development Index), 신 경제재단(NEF:New Economic Foundation) 행복지수, 한국보건사회연구원의 행복개발 연구 등을 참조하여 한국적 상황을 고려하여 만들었음.

당신은 **B코스**의 어느 등급인가요?

[A등급]

· 총점 160점 이상인 사람
· 경제지상주의와 경쟁체제로부터 탈출한 사람

[B등급]

· 총점 120점 이상, 160점 미만이고 자기자본등급이 A등급인 사람

[C등급]

· 총점 120점 미만인 사람

B코스가 택할 수 있는 세 가지 유형

당신의 자기행복지수가 측정되었다면 이제 자신은 어떤 길을 가고 있는지 점검해볼 차례입니다. B코스는 행복을 추구하는 방식에 따라 세 가지 유형으로 나눕니다. 노동행복형, 탈도심형, 최소소비형입니다. 당신은 어떤 유형일까요?

노동행복형

• 여가보다 일 그 자체에서 행복을 느끼고자 하는 유형

• 일을 즐긴다는 측면에서 A코스에서 말하는 '노동중독'과 유사하지만, 일이 여가나 놀이가 될 수 있다고 생각한다는 점과 노동의 목적을 부나 명예, 권력과 같은 것에 두는 것이 아니라 일 그 자체에 둔다는 점에서 A코스와 다름.

• 돈을 버는 데 들이는 시간보다 즐거운 일거리를 찾는 데 더 많은 시간을 들이는 유형.

탈도심형

• 도심을 탈피함으로써 노동의 강도를 줄이고 친자연적인 삶을 통해 행복을 느끼고자 하는 유형.

• 일정 정도 자급자족을 함으로써 일과 여가가 분리된 자본주의 시스템이 도입되기 이전으로 돌아가 스스로 삶을 통제하는 '생

산자'로의 삶을 살고자 하는 유형

- 여가의 산업화가 지니는 자극성, 사치성, 도박성, 소비성으로부터 탈출하고자 하는 유형
- 고독과 고립, 정적을 즐기는 유형.

최소소비형

- 적게 소비하고 적게 일하며, 남는 시간은 '게으를 권리'를 누리는 유형
- 금욕주의자이면서 에피쿠로스주의자. 욕망을 줄여서 행복을 늘이고자 하는 유형.
- "부자는 누구인가? 아무것도 원하지 않는 사람이다. 그렇다면 가난한 사람은 누구인가? 구두쇠이다."_아우소니우스

B코스 9가지 유형

정리해보면 B코스에는 다음 9가지의 유형이 있습니다.

당신이 B코스라면 이 중 어떤 유형인가요?

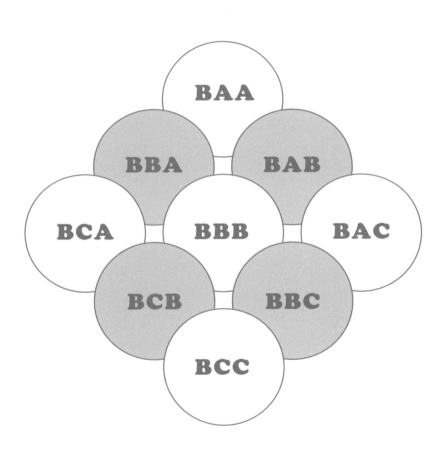

$\overset{*}{C}$코스

[호모 레시프로칸스(Homo Reciprocans) 코스 / 시민주의자코스]

C코스의 특징

- 아리스토텔레스가 말한 '좋은 삶'을 추구하는 코스(58페이지 참고). 여기서 좋은 삶이란 즐거운 심리 상태나 욕망이 충족된 삶이 아니라 인간이 추구하는 기본적인 선이 구현될 때 느끼는 자족감을 의미한다.
- '사회적 가치'를 추구하는 코스. 사회적 가치란 공동체 내에 기본재와 관계재를 구축하는 것을 의미한다. 기본재란 사람답게 사는 데 필요한 기본적인 필수품이며, 관계재는 사람과 사람, 사람과 자연이 좋은 관계를 맺는 데 필요한 가치관이다.
- 시민경제를 추구하는 코스. 시민경제란 시장경제 대신에 사회적경제를, 개발 대신에 생태환경을, 아파트 대신에 마을공동체를 추구하는 시스템을 뜻한다.

C코스 판별법

좀 더 구체적인 질문으로 당신이 C코스를 가고 있는지 파악해보겠습니다. 시민주의자들은 사회적 가치를 추구해서 좋은 삶을 살고자 합니다. 사회적 가치는 기본재와 관계재를 구축하는 것입니다. 지금 한국사회에서 기본재란 대략 다음 4가지를 말합니다.

> 1. 누구든 상대적인 최저 생계를 보장받아야 하고
>
> 2. 누구든 인간답게 살만한 거주할 곳이 있어야 하며
>
> 3. 깨끗한 공기와 맑은 물을 마실 수 있어야 하고
>
> 4. 전쟁의 위협으로부터 해방되어야 하는 권리.

관계재는 다음 4가지 가치를 말합니다.

> 1. 나이, 국적, 성별, 장애여부, 취향에 상관없이 다른 사람과 차별 없이 살 수 있어야 하고
>
> 2. 미래 세대의 삶도 현재 세대만큼 존중되어야 하고
>
> 3. 개인의 노력을 넘어서는 불평등한 부의 분배 구조는 개선되어야 하며
>
> 4. 상호간의 우애를 바탕으로 따로 또 같이 더불어 살아야 한다.

지금 당신은 사회적 가치를 위해 얼마나 노력하고 있나요? 당신은 다음 16개 질문 중 몇 개나 해당되는지 체크해보세요.

	질문	Yes/No
기본재	누구나 일하지 않아도 먹을 수 있어야 한다고 생각한다.	
	사회적 약자를 위한 사회적 안전망이 무엇보다 우선적으로 만들어져야 한다고 본다.	
	누구든 일정 정도 일하면 집을 살 수 있어야 한다고 생각한다.	
	국가는 집을 살 수 없는 사람들에게 어떤 형태로든 주거를 보장해 주어야 한다는 의견을 지지한다.	
	깨끗한 공기를 마시기 위해서는 산업화를 어느 정도 포기할 수 있다고 생각한다.	
	어떤 일을 할 때 환경에 끼치는 영향을 먼저 생각한다.	
	남북 간 정전 협정 체결을 지지한다.	
	동북아시아에 평화 체제를 구축하는 일에 적극 찬성한다.	
관계재	사회적 약자를 위해 무엇인가 노력할 생각이 있다.	
	우리 사회에 존재하는 차별과 혐오에 관심을 가지고 있다.	
	미래 세대를 위해 자원 남용은 막아야 한다.	
	맑은 물과 깨끗한 공기는 미래 세대에 남겨주어야 할 유산이다.	
	부의 세습을 막는 더욱 강력한 법안이 필요하다.	
	개인에게 집중되는 지나친 부의 축적은 막아야 한다.	
	인간은 더불어 살아야 더 행복할 수 있는 존재이다.	
	아이와 노인이 더불어 사는 마을이 필요하다.	

위의 16가지 질문 중 당신이 **Yes**라고 대답한 것이 **반 이상**이라면 당신은 **C코스**일 가능성이 높습니다. C코스의 사람들이 여가를 즐기지 않거나 개인의 행복을 포기하는 것은 아닙니다. 다만 좀 더 많은 시간을 사회적 가치를 추구하고 좋은 삶을 사는 데 사용하고자 합니다. C코스를 선택하는 사람이 많으면 많을수록 우리 사회는 좀 더 공정하고 풍요로워질 것입니다.

C 코스의 세 가지 등급

당신이 C코스라면 이제 C코스가 필요로 하는 당신의 능력을 점검해볼 필요가 있습니다. C코스에서 가장 필요로 하는 능력은 '좋은 삶 지수' 능력입니다. '좋은 삶 지수'는 사회적 책임, 참여, 미래적 공공가치, 공동체, 그리고 생존 능력 등 5개 항목으로 구성됩니다. 당신의 '좋은 삶 지수'가 얼마나 되는지 체크해 봅시다. 각 항목 당 10점 만점이며 각자의 판단에 따라 점수를 부과하면 됩니다.

좋은 삶 지수

	체크 리스트	점수
사회적 책임	공공기관(정부, 국회, 경찰, 사법기관, 군대, 금융기관 등)의 제대로 된 역할에 관심을 가지고 있는가?	
	공공기관의 공공성 회복을 위해 노력해본 적 있는가?	
	사회기관(언론, 노조, 정당 등)의 제대로 된 역할에 관심을 가지고 있는가?	
	사회기관이 제대로 역할을 수행하도록 견제 활동을 해본 적이 있는가?	
참여	투표나 정당 활동, 노조 운동에 관심을 가지고 있는가?	
	유권자 운동이나 정당 활동, 노조 활동을 해 본 적이 있는가?	
	이웃을 위해 대가 없이 자발적 봉사를 해본 적이 있는가?	
	사람을 모아 공공이익을 위한 모임이나 조직을 결성해 운영해본 적이 있는가?	
미래적 공공가치	경제적 불평등을 해소하기 위한 운동에 참여해본 적 있는가?	
	사회적 불평등을 해소하기 위한 운동에 참여해본 적 있는가?	
	환경문제를 해결하기 위해 노력해 본 적이 있는가?	
	미래 세대나 이웃을 위해 '가난하고 소박한 삶'을 선택한 적이 있는가?	
공동체	더불어 사는 삶의 행복에 대해 관심을 가지고 있는가?	
	공동체를 결성하거나 결성할 준비를 해본 적이 있는가?	
	새로운 주거 형태 만들기에 참여해본 적이 있는가?	
	협동조합이나 마을 기업과 같은 지역 경제 공동체에 관심을 가져본 적이 있는가?	
생존 능력	도심을 떠나 살 자신이 있는가?	
	최소한의 소비만으로도 행복하게 살 수 있는 생존 능력이 있는가?	
	협업할 능력이 있는가?	
	자연과 교감에서 행복을 느끼는가?	
총 점		

당신은 **C코스**의 어느 등급인가요?

[A등급]

· 총점 160점 이상인 사람

[B등급]

· 총점 120점 이상 160점 미만이고 자기자본등급이 A등급인 사람

[C등급]

· 총점 120점 미만인 사람

C코스가 택할 수 있는 세 가지 유형

당신의 좋은 삶 지수가 측정되었다면 이제 내가 어떤 길을 가고 있는지 점검해볼 차례입니다. C코스는 삶을 추구하는 방식에 따라 세 가지 유형으로 나눕니다. 사회적경제형, 우주선지구형, 공동체형입니다. 당신은 어떤 유형인가요?

사회적경제형

- 시장경제 대신에 사회적경제를 구축하고자 하는 사람들이 속하는 유형. 사회적경제란 ①경제의 주체를 대기업 대신 농민이나 자영업자, 중소기업가로 삼고, ②성장보다는 자급자족적 생태체제 유지를 추구하고, ③경제적 이익을 개인이 독점하는 대신에 사회복지나 공공공의 이익을 확대하는 쪽으로 사용하며, ④자원을 남용하는 개발 대신에 환경을 고려한 지속 가능한 개발을 추구하는 경제체제를 말한다.
- 경제적 안전망(식량, 소득, 물, 에너지, 주거, 보건 등) 구축을 지향하는 유형.
- 경제적 불평등 구조를 해소하는 틀을 마련하기 위해 노력하는 유형.
- 공유 경제, 협동조합운동, 마을기업, 기본소득운동 등에 관심이 많은 사람들이 속하는 유형.

우주선지구형

- '우주선지구'를 살리자는 사람들이 속하는 유형. 우주선지구 란, 지구도 우주선처럼 유한한 자원을 싣고 있다고 판단하는 환경·생태주의적 사고다.

- 개발을 하되 지구가 감당할 수 있는 수준의 '지속가능한 개발' 을 주장하는 것이 환경주의자들의 생각이다. 기본적으로 자본 주의체제 내에서 환경기술의 개발, 환경보전 중심의 성장과 자 원의 절약을 주장한다. 전 지구적 기후협약이나 환경산업, 환 경운동에 관심이 많다.

- 환경문제는 과도한 성장과 무분별한 산업화를 초래한 자본주의 자체에서 오는 것이라 판단하고 자본주의 자체의 변화가 필요 하다는 생각을 가지고 있다. 가난하고 소박한 삶을 추구하며 글 로벌 경제를 배척하고 로컬 경제 구축에 관심이 많다.

공동체형

- 나이, 국적, 성별, 장애 여부, 취향에 관계없이 우애를 바탕으로 더불어 사는 공동체를 구축하고자 하는 사람들이 속하는 유형.

- 전쟁이나 외부의 침략, 경제적 약탈의 위협으로부터 자유로운 지역이나 국가를 만들고자 노력하는 유형.

- 특수한 목적을 가진 사람들이 가족을 초월하는 우애를 바탕으 로 모여, 부문별 공동체를 구성하며 더불어 살고자 하는 유형.

• 평화체제 구축, 자립적 소농경제공동체 수립, 공동체은행 설립, 신용협동조합 활성화, 슬로머니, 지역사회 내부의 물물교환 체계 등에 관심이 많은 유형.

C코스 9가지 유형

정리해보면 C코스에는 다음 9가지의 유형이 있습니다.

당신이 C코스라면 이 중 어떤 유형인가요?

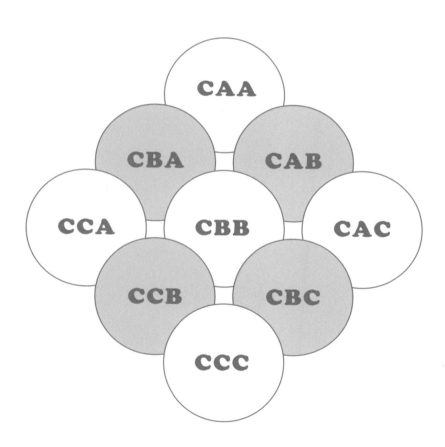

SELF

DISCOVERY

BOOK

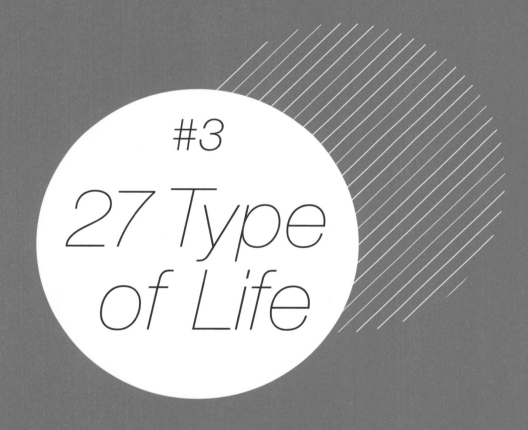

#3

*27 Type
of Life*

27가지 삶의 유형 •••

#3
27
TYPE
OF
LIFE

가치관, 자기 능력, 가고자 하는 길에 따라 삶을 AAA부터 CCC형까지 모두 27개 유형으로 나누었습니다.

AAA AAB AAC ABA ABB ABC ACA ACB ACC
BAA BAB BAC BBA BBB BBC BCA BCB BCC
CAA CAB CAC CBA CBB CBC CCA CCB CCC

이 중 당신은 어떤 유형입니까?
다음은 27개 유형마다 그 유형을 표상하는 별명을 붙인 것입니다.

미다스형, 스카이캐슬형, 왕추크형, 시시포스형, 노동중독형, 사회봉사형, 로또형, 니트족형, IMF반지형, 사이형, 박홍규형, 게으를 권리형, 신성각형, 다루마리형, 휘게라이프형, 베넷스쿨형, 반농 반X형, 탈루형, 에밀리아형, 문당마을형, 변산공동체형, 성심당형, 지구마을평화센터형, 성미산공동체형, 민달팽이유니온형, 가비오타스형, 평화공동체형

당신의 별명은 무엇입니까?
지금부터 각 유형별의 주요한 특성을 정리해보겠습니다.

AAA(미다스형)

미다스(Midas) | 만지는 것이 모두 황금으로 변하는 그리스 신화에 나오는 임금. 결국 자신의 딸조차 황금으로 만들어버림. 술의 신 디오니소스의 권유로 팍톨로스 강물에 목욕을 하고 나서 원래의 모습으로 돌아옴. 황금만능주의를 신봉하는 사람을 미다스왕에 비유함.

- 자본주의 나라 대한민국의 성골형.

- 부자 아버지를 만났고, 더 부자가 되는 것이 꿈이며, 더 부자가 될 가능성이 매우 높은 유형.

- 손대면 다 황금이 될 확률이 높음. 그러나 이스털린 패러독스에 따라 평생 무한한 행복까지는 보장받을 수 없다.

- 충족이라는 천정을 만들어야 행복할 수 있다.

- 많은 적을 만들 유형. 충족 없이 축적되는 돈은 많이 가지는 것만으로도 적을 만들 수밖에 없는 속성을 지니고 있다. 국제노동조합총연맹은 2018년 삼성의 이건희 회장을 세계 최악의 보스로 꼽았다. '타인의 권리를 빼앗아 자신의 돈만 쫓았다'는 이유에서다 .

- 교환가치보다 사용가치에 더 많은 관심을 가져야 할 유형.

- 우리는 이 유형의 사람들을 TV 청문회에서 자주 본다. 큰 재산을 가지고서도 세금을 아끼려고 바보 행세를 하는 대기업의 회장들 말이다. 미다스 형이 품위 있게 살기 위해서는 수양이 필요하다. 미국의 경제학자 존 갤브레이스(John K. Galbraith)는 이렇게 말했다. "돈은 늘 바보를 구분해낸다. 이것이 돈의 장점이다".

AAB(스카이캐슬형)

스카이캐슬(Sky Castle) | 대한민국 상위 그룹의 삶의 형태를 다룬 TV 드라마. 스카이캐슬은 대한민국 상위그룹이 사는 주거공간이자, 그들의 세계관을 상징한다. 돈과 경쟁을 좇는 대한민국 전문가 집단과 강남 사람들을 우화화한 블랙코미디.

- 돈으로 행복하고자 하고, 돈을 벌 자기자본이 있고, 일주일에 5일은 돈을 벌고, 2일은 여가를 즐기고자 하는 유형.

- 돈으로 얻은 교환가치를 여가와 가족에게 주로 바치는 유형.

- 더 큰 부를 추구한다는 점에서 AAA형과 유사하지만, 돈보다 가족의 행복을 최우선한다는 점에서 AAA과 다르고, 가족의 행복을 추구할 자기자본이 충분하다는 점에서 ABB나 ACB와 다름.

- 만족을 모르는 쾌락에 빠질 가능성이 비교적 높은 유형.

- 대개 가족주의를 추구하지만 가족을 불행으로 몰아갈 가능성이 높은 유형. 최소한 가족만큼은 경쟁체제에서 벗어나 있어야 진정한 행복을 누릴 수 있다는 사실을 되새겨볼 필요가 있는 유형.

AAC(왕추크형)

왕추크 | 국민행복지수 1위를 차지했던 부탄의 5대 군주. 28세 때 세습군주제 하에서 왕위를 세습받아 부탄의 군주가 되었다. 그러나 군주가 되자 세습군주제를 입헌군주제로 바꾸고 스스로 절대 권력을 내려놓았다. 평민과 결혼하여 평범한 삶을 영위하면서 무상의료와 무상교육을 실시하는 등 국민 위주의 복지사회시스템을 구축했다.

- A코스를 걷고, 자기자본도 A지만, 엘리트에게 주어진 사회적 책무를 다하고자 노력하는 유형.

- 한국사회에서 매우 드문 유형. 그러나 반드시 필요한 유형.

- 한국의 경제귀족들이 걸어야 할 진정한 엘리트코스.

- 경제귀족들이여, 돈보다 사람을 택하라. 당신의 이웃이 당신을 존경할 수 있도록. "소유와 사람은 물과 불처럼 상극이어서 동시에 얻을 수 없다"는 아리스토텔레스의 금언을 기억하자.

ABA(시시포스형)

시시포스 | 그리스 신화에 나오는 인물. 영원히 살기 위해 꾀를 부리다 영원히 굴러 내려오는 바위를 다시 굴려 올려야 하는 형벌을 받았다.

- A코스를 걷고 있고, 자기자본은 A등급이 아니지만, A코스에서 성공하고 싶은 사람들이 속하는 유형

- 신에게 덤빈 죄로 벌 받은 시시포스와 같이 성공보다 실패의 가능성이 높은 유형.

- 그래도 돈의 세계에서 신의 세계로 가고 싶다면 그들보다 한 걸음 앞서거나, 그들이 무관심한 영역을 택해야 한다. 혁신 기업 카카오(kakao)나 알리바바(alibaba)처럼.

- 영원히 사는 것을 포기하고 B코스나 C코스를 택하면 만족스럽고 행복한 삶을 살 수 있다.

ABB(노동중독형)

노동중독 | 일에 대한 특정한 태도를 통해 일어나는 다양한 현실과 괴리현상. 사회학자 강수돌은 노동중독을 1. 프리랜서나 벤처사업가 등에서 나타나는 과도성취형, 2. 생계를 위해 과도하게 노동을 해야 하는 노동강제형, 3. 일에 대해 제대로 대처하지 못해 심리적 문제를 일으키는 햄릿형 등으로 나누고 있다.

- 주어진 환경 속에서 세상이 말하는 행복을 위해 열심히 노력하는 유형.

- 행복하기 위해서는 돈이 필요하고 돈을 벌기 위해서는 열심히 일해야 하는 유형.

- 스스로 중산층이라고 생각하는 다수가 여기에 속함.

- 부를 추구하는 목적이 돈보다 여가라는 점에서 ABA(시시포스 유형)와 다르며, 직접적으로 행복을 찾기보다는 돈을 통해 행복을 추구하고자 한다는 점에서 BBA(신성각형)나 BBC(휘게라이프형)와 다름.

⎯⎯⎯⎯⎯⎯⎯⎯⟶   많은 한국인들이 자신도 모르게 노동중독에 빠져있습니다. 유럽인들에게 한국의 대기업 생활을 이야기해주면 "그렇게 어떻게 살아?"라고 되묻습니다. 여지껏 우리는 이런 이야기를 하면 대기업이 바뀌어야 하고, 정부가 해결해야 한다고 생각해왔습니다. 그러

나 그들은 당신을 구해주지 않습니다. 지난 50년 역사가 그것을 말해줍니다. 이제 주체를 바꾸어야 합니다. 오직 당신만이 당신을 구해낼 수 있습니다. 제주에 있는 작은가게 '평대 스넥'은 아무 때나 열고 아무 때나 닫습니다. 손님이 왕인 세상을 뒤집어버린 것입니다. 그렇게 해서는 생활비도 벌지 못할 것 같다고요? 아니오. 주인장들은 자유롭게 여행 다니며 살던걸요? 이런 삶을 원한다면 어떻게 해야 할까요? 내가 건강하게 사는 것부터 시작하면 됩니다. 자, 당신의 노동중독 여부를 한번 점검해볼까요?

●

노동중독에서 벗어나는 방법은
가치관을 바꾸는 길밖에 없습니다.
돈 대신 행복으로, 돈 대신 가치로 말이죠.
당신이 심각한 노동중독이라면
길을 한번 바꾸어보는 것은 어떨까요?

나의 노동 중독 정도는?

		전혀 그렇지 않다 (1점)	별로 그렇지 않다 (2점)	보통 이다 (3점)	약간 그렇다 (4점)	매우 그렇다 (5점)	점수	평균 (김왕배 연구모집단)
노동 강제형	나는 휴일이나 토요일 오후에도 직장 일을 할 때가 많다.							2.81
	집에 돌아와서도 직장 일을 생각할 때가 많다.							2.63
	가족이나 친구와의 관계보다는 직장 일에 더 많은 시간과 정력을 쏟고 있다.							3.03
과도 성취형	보상만 주어진다면 휴가를 반납해서라도 일을 더 많이 할 것이다.							2.73
	가족이나 친구들과 있는 것보다 직장에서 일을 하는 것이 차라리 마음 편하다.							2.36
	일을 하지 않으면 왠지 불안하다.							2.64
	직장에서의 승진을 위해 당분간 가족이나 사회관계를 소홀히 하더라도 일을 열심히 하고 있다.							2.61
과부하 형	일이 너무 많아 어떻게 해야 할 지 모르겠다.							2.42
	항상 일에 쫓기듯이 사는 편이다.							2.57
	일을 놓고 있으면 누군가가 나의 자리를 빼앗을 것 같다.							2.28
완벽 추구형	일을 열심히 하고 나면 희열을 느끼기 때문에 일에 더욱 열중하고 있다.							2.83
	잠시라도 일을 하지 않으면 남에게 뒤처질 것 같은 느낌이 있다.							2.57
	부하직원이나 동료에게 일을 맡기기가 불안하다.							2.59
	모든 일에 완벽함을 추구하는 편이다. 내가 하는 일에 조금이라도 부족함이 있으면 안 된다.							2.92

※이 설문은 김왕배, 「노동중독- 직무태도와 조직 특성의 관점에서 본 사회 심리학적 접근」, 한국사회학회에서 2007년에 이루어진 「노동중독에 관한 인식」연구 결과를 인용했음.

ABC(사회봉사형)

사회봉사 | 국가나 사회제도가 해결하지 못하는 여러 가지 문제를 개인이 기부나 노력봉사를 통해 보완해주는 제반 활동. 교회의 집사, 사찰의 보살 같은 역할로 자본주의 체제 내에서 개인이 여가시간이나 일부 금액을 들여 최소한의 사회적 의무를 다하고자 하는 제반 행위.

- 일주일에 5일을 경쟁체제에서 이기기 위해 살고, 나머지 2일은 사회를 위해 봉사를 하고자 하는 유형

- 사회적 의식이 있다는 점에서 개인이나 자신의 가족만을 위해 사는 ABA(시시포스형)나 ABB(노동중독형)과 다르고, 사회적 가치가 삶의 중심에 자리잡고 있지 않다는 점에서 C코스와 다름.

- 톨스토이가 「지옥과 파괴의 본능에서」에서 말한 "기부나 봉사는 자신이 하는 일의 본질적 악행을 그대로 둔 채 적은 비용으로 상대방의 존경까지도 받고자 하는 빵부스러기와 같은 선물일 수 있다"고 한 경고를 되새겨야 할 유형.

ACA(로또형)

로또 | 당첨번호를 직접 선택하고 구매하는 복권. 45개 번호 중 6개를 맞추면 1등에 당첨됨. 공식적으로 알려진 당첨확률은 1/8,145,060이다.

- A코스에서 자기자본이 C등급인 사람이 자기자산을 A등급으로 끌어올리는 것을 목표로 살고 있는 유형.
- 로또와 유사한 성공 확률을 가진 유형.
- 다른 길이 있다는 것조차 잘 몰라서, 용기가 없어서, 용기를 내 보았지만 자신을 감싸고 있는 시스템이 너무 강고해서 어쩔 수 없이 따라 가고 있는 사람들이다.
- 의외로 많은 한국인들이 이 유형에 속한다.
- 부르디외가 말하는 '계급적 자각'이 있으면 좀 더 행복할 가능성이 높아지는 유형.

──────────→ 사실 이 유형은 A코스의 실패자가 될 가능성이 가장 높은 유형입니다. 무력감에 빠져 있기도 하고, 비난과 혐오로 하루를 보내는 경우도 많으며, 우울증에 걸릴 수도 있지요. 이 유형은 빨리 A코스에서 벗어나는 것이 더 나은 선택일 수 있습니다.

물론 아무리 시스템이 빡빡하다 하더라도 개천에서 용이 날 확률은 존재합니다. 그러나 개천의 용도 잘 살펴보면 남보다 월등한 그만의 필살기가 있습니다. 그것 없이 그저 확률에 기대어 더 많은 돈을 버는 것을 인생의 목표로 삼는 것은 로또로 인생 역전을 바라는 것과 다를 바 없습니다. 이를 잘 아는 것은 바로 자신입니다. 그래서 늘 알 수 없는 불안에 시달리거나 불안을 해소할 수 있는 자극적인 것들을 찾게 됩니다.

　　물론 이 유형의 사람들도 꿈을 꾸고 최선을 다해 앞으로 나아가고자 노력합니다. 그러나 A코스는 인정사정 봐주지 않는 코스여서 자기자본을 높이지 않고서는 성공하기 어렵습니다. 자신이 이 유형이라고 판단한다면 지금 당신이 최대한 노력한다고 가정하고, 10년 후의 자기자본 요소들을 평가해 보세요. '자기자본개발지수'라는 이름을 붙여보았습니다. 각 항목별로 지금부터 10년 후 나의 모습을 상상하여 적으면 됩니다.

　　당신의 자기자본개발지수는 얼마입니까?

나의 자기자본개발지수는?

범주	항목 및 배점	점수
경제자본	주택보유 여부 (20)	
	금융자산 규모 (20)	
	부동산 (20)	
	직업 (20)	
	전문적 기술 (20)	
사회자본	부모 직업 (10)	
	집안 (10)	
	동문 (5)	
	인맥 (5)	
	경력 (10)	
문화자본	학벌 (10)	
	외모 (10)	
	외국어 구사능력 (10)	
	신뢰성 (5)	
	창의성 (5)	
	능동성 (5)	
	소통능력 (5)	
	공감능력 (5)	
	리더십 (5)	
합 계		

───────────────→ 자기자본개발지수가 자기자본지수에 비해 많이 나아지셨나요? 제가 만난 20대 중 대부분은 별로 나아지는 것이 없었습니다. 우리 사회가 생각보다 많이 경직되어 있다는 반증이겠지요.

어떤 학생은 창의성 같은 것에 더 많은 비중을 두어야 한다고 주장하기도 합니다. 언론과 정치인들은 그런 새로운 가치들이 마치 많은 것들을 바꿀 수 있는 것처럼 떠들어댑니다. 그러나 따져보면 우리가 말하는 창의성이라는 것도 직업이나 전문적 기술, 자산, 학벌, 인맥 등과 연결되지 않고는 별로 힘을 발휘할 방법이 없습니다. 결국 A코스를 계속 가고 싶다면 어떻게든 자기자본지수를 끌어올려야 한다는 말입니다. 그럴 자신이 없다면, 코스를 바꾸어보는 것은 어떨까요? 마지막 장에서 다시 한번 생각해봅시다.

ACB(니트족형)

니트족 | 자본주의가 저성장 국면에 접어들고, 많은 국가들의 경기가 악화되어 청년들의 구직이 어려워지는 상황에서 아예 정규직 취업을 포기하고 가족의 도움으로 생활을 영위하거나, 필요할 때만 잠시 아르바이트를 해서 생계를 유지해나가는 유형.

- 우리나라보다 앞서 경제 저성장을 겪은 일본의 젊은이들이 택한 삶의 방식.
- 한국 사회에도 점점 늘어나고 있지만, 일본에 비해 사회복지가 좋지 않고 아르바이트로 생계를 유지할 수 있는 체제도 갖추어져 있지 않아 가족에 대한 의존이 장기화되는 유형.
- 무력증, 우울증에 빠지는 경우가 많음.

ACC(IMF반지형)

IMF구제반지 | 1997년 정부가 IMF로부터 구제금융을 받았을 때 국가가 보유한 금의 양을 늘이기 위해 전 국민을 대상으로 금모으기 운동을 했다. 약 350만 명이 장롱에 고이 보관했던 금붙이와 돌반지 등을 가지고 나와 국가 빚을 갚는 데 보탰다. IMF반지는 착한 사람들의 눈물의 반지이다. 그러나 당시 재벌들은 금을 수입해서 팔아 자신의 이익을 채웠다. IMF 구제금융 이후 자산은 상위 부자들에게 더욱 집중되었고, '노동의 유연성'이라는 명목으로 많은 정규직은 비정규직으로 전환되었다.

- 가난하고 힘이 없으면서도 죄짓지 않고 착하게 살고자 노력하며 사는 유형.

- 착해서 악한 일에 이용당하는 경우가 많다. 자기자산이 C등급인 사람이 A코스를 걸으면서 A코스의 A등급들이 말하는 사회적 책임을 다할 경우 이런 상황에 처할 수 있다.

- "자본은 문화 투자적 감각까지 가지고 이윤을 추구하면서도 탈상업적인 가면을 쓸 수 있다"는 사회경제학자 칼 폴라니(Karl Paul Polanyi)의 말을 한 번쯤은 되새겨야 한다. 잘못된 체제에서 약자의 애국심은 강자의 지배 논리에 힘을 실어주고, 약자의 선행은 강자의 배를 불린다.

- 선한 마음을 사회적 안전망 구축이나 C코스가 말하는 좋은 삶을 위해 사용해야 할 유형.

BAA (사이형)

사이 | 기타 하나 들고 자신의 노래를 듣고 싶어 하는 곳이라면 어디든 가서 노래를 부르고 같이 즐겁게 노는 싱어송 라이터. 현재 40대 중반의 나이로 적어도 지금까지는 즐겁게 자신의 일을 즐기며 잘 살고 있음.

- 일주일에 2일 여가보다 일주일에 5일 일하는 시간이 행복할 수 있기를 바라는 유형.
- 일해서 나오는 대가보다 일 그 자체를 사랑하고, 그 일만 할 수 있다면 하루 한 끼 먹어도 괜찮은 진정한 열정형.
- BAA 유형의 사람이 공무에 종사한다면 국민 모두가 행복한 나라가 될 수 있을 것이다.

BAB(박홍규형)

박홍규 | 철학자 에드워드 사이드(Edward W. Said)의 『오리엔탈리즘』을 한국에 소개한 번역가이자 법학자. 경쟁체제로부터 이탈한 삶의 즐거움을 주장한다. 시골에 거주하며 자급자족적 생활을 영위. 고립주의자를 자처하며 고립과 고독의 행복을 설파하고 있다.

- 구속으로부터 자유롭기 위해서는 도심을 벗어나야 하며, 그것이 행복의 지름길이라고 생각하는 사람들이 택하는 코스.
- 자급자족적 소농경제에 종사하거나 반농 반X적 생업에 주로 종사함.
- 고독과 고립의 즐거움을 알아야 택할 수 있는 코스. 탈자본을 원했고 친자연적이지만 고독과 고립을 견디지 못해 다시 역 귀향하는 사람들도 많이 있다.

BAC(게으를 권리형)

게으를 권리 | 폴 라파르그(Paul Lafargue)의 책이름이자 버트런트 러셀(Bertrand Russell) 이후 자본에 의한 노동 강요사회에 대한 일종의 저항이론. 라파르크는 열심히 일하면 할수록 더 궁핍해지는 노동자의 삶이 자본의 논리에 길들여진 노예의 삶이라 규정하고, '적게 일하고 많이 기쁘게 시간을 보내자'는 게으를 권리를 주장함.

- 적게 일하고 나머지 시간을 하고 싶은 일을 하며 기쁘게 보내자는 유형.

- 일하지 않을 자유를 저항의 수단으로 택했다는 점에서 ACB형(니트족형)과 다르고, 주로 일거리가 있는 도심에 거주한다는 점에서 BAB형(박홍규형)과 다르다.

- "인류의 과학기술과 문명은 최고로 발달했지만, 가족과 마음 편히 밥 한 끼 먹는 것조차 쉽지 않은 우리의 일상이 과연 인간다운 삶일까요?"라고 묻는 사람들이 택하는 유형.

- 니트족과 달리 자발적 선택이라는 점에서 우울증과 같은 무력감에 빠지거나 타인의 시선을 의식하여 무력감을 느낄 가능성이 별로 없음.

- 일하지 않는 사람에게도 사람답게 살 기초재를 제공하자는 취지의 기본 소득제에 동의하는 유형.

BBA(신성각형)

신성각 | 효창구장 옆에 있는 테이블 3개의 작은 중국집. 주방장과 그의 아내 두 사람이 운영하는 가게인데 '단 한 명이라도 우리 음식을 먹고 감동의 눈물을 흘린다면 그것을 보람으로 혼신을 다해 요리하겠다'는 각오로 일한다. 오전 11시 37분에 문을 열고, 재료가 떨어지면 문을 닫는데, 보통 2~3시면 마감한다.

- 자신의 힘이 닿는 범위 내에서 자신이 원하는 것만큼 일하고, 일하는 대가로 주어지는 돈보다 일 그 자체가 주는 즐거움으로 하루를 사는 유형.
- 생태주의자들이 꿈꾸는 미래형 자영업 유형.
- 일본의 백년 가게들, 장인들이 속하는 유형.
- 특출난 기술이 있고 어느 정도의 자기자본이 있다는 점에서 BCC형(탈루형)과 다르고, 게으를 권리보다 일하는 즐거움을 누리는 편이라는 점에서 BAC형(게으를 권리형)과 다르다. 좋아서 선택했다기보다 하는 일에서 의미를 찾다보니 좋아진 일이라는 점에서 BAA형(사이형)과도 차이가 있다.

BBB(다루마리형)

다루마리 | 『시골빵집에서 자본론을 굽다』의 저자 와다나베 이타루가 도심을 떠나 일본의 오카냐마현에 만든 시골 빵집 이름. 지역에서 난 재료로 빵을 만들어 그 지역에서 소비하는 것을 원칙으로, 수입의 대부분을 재분배와 재투자로 사회에 환원한다. 시골에서도 농업을 주업으로 하지 않고도 생활을 유지할 수 있다는 것을 보여주는 좋은 사례다.

- 도심을 떠나 생계를 유지하면서 즐겁게 일할 수 있는 삶을 꿈꾸는 유형.
- 일정 정도 자산과 친자연주의, 그리고 전통을 재해석하는 능력이 필요하다.
- 지역 경제 틀을 고수하고 있다는 점에서 CAA형(에밀리아형)과 유사하나, 행복보다 경영의 원칙이 우선된다는 점에서 다르다. 또 이익을 주인이 독점하지 않는다는 측면에서 CBA(성심당형)과 유사하나 부를 나누는 방식에서 일반 기업의 형태를 취하고 있다는 점에서 차이가 있다.

BBC(휘게라이프형)

휘게라이프 | 편안하고 아늑한 상태를 추구하는 행복지수가 높은 덴마크식 라이프 스타일. 편안한 공간이나 아늑함을 느끼게 하는 물건뿐만 아니라 단순한 삶, 좋은 사람들과 함께하는 시간을 소중히 하는 코스.

- 주로 도심에 거주하며 명확한 취향을 가지고 소소한 즐거움을 추구하는 유형
- 최소한의 생계를 유지할 수 있는 자기자산, 비슷한 취향의 놀이 동무들이 필요하다.
- 복지국가가 아닐 경우 사치비를 감당하기 위해 ABB형(노동중독형)이 되거나, 과도한 감정적 자족이 필요한 ACB형(니트족형)으로 전락한 가능성이 높다.
- 이 형태의 삶을 누리기 위해서는 스스로 먼저 휘게라이프를 뒷받침해 줄 사회적 토대를 만드는 데 관심과 노력을 기울여야 한다.

BCA(베넷스쿨형)

베넷스쿨 | 미국 보스톤의 직업학교인 '노스 베넷 스트리트 스쿨(North Bennet Street School)'의 줄임말. 만들어진 지 100년이 넘은 이 학교에서는 책제본, 가구 제작, 카페트 직조, 보석 가공 및 수리, 바이올린 제작과 같은 생활에 필요한 기술을 전문적으로 가르친다.

- 대기업이나 큰 조직에서 분업화된 일을 하기보다 지역사회에서 기초적인 생필품 제작이나 생산에 종사하고자 하는 사람들이 택하는 코스.

- 경제 지상주의와 결별하고, 여가와 일이 분리된 대기업보다 스스로 '홍반장'이 되어 탈소비적인 기초재를 만들고자 하는 사람들.

- 한국에도 지속가능한 행복한 노동자가 될 수 있도록 농사를 가르치는 '풀무학교'나 먹거리, 대체의학, 생태건축 등을 가르치는 '온배움터' 같은 베넷스쿨들이 등장하고 있음.

───────────→ 청년실업이 국가적 과제이자 시대적 과제로 떠오르고 있습니다. 그러나 청년들은 신기하리만치 조용합니다. 프랑스의 젊은이들처럼 '노란조끼'를 입고 거리로 나서기보다는 청년실업자가 되지 않기 위해 도서관과 학원에서 열정을 불사릅니다.

이런 상황에서는 정부도 이미 기울어져 있는 경제적 불평등 구조를 바꿀 수가 없습니다. 정부 주도의 혁명이란 없습니다. 불평등의 피해자들이 스스로 떨치고 일어나야 혁명이 시작될 수 있습니다. 지금까지처럼 아무 일도 일어나지 않는다면 결국 모든 문제의 책임은 개인이 지게 됩니다. 지금 우리나라에는 이런 구조 속에서 꾸역꾸역 버티는 청년들이 너무 많습니다. 이제 큰 싸움을 시작해야 할 때입니다.

코스를 좀 바꾸어보면 어떨까요? 우리는 각자 삶의 주인이며, 행복해질 권리가 있습니다. 행복도 노력하면 얻을 수 있습니다. 자신이 BCA형이라고 판단한다면 다음 페이지의 자기행복개발지수를 한번 체크해보세요. 각 항목별로 지금부터 10년 뒤 나의 모습을 상상하여 적으면 됩니다.

당신의 자기행복개발지수는 얼마입니까?

나의자기행복개발지수는?

	체크 리스트	점수
심리적 안녕	부정적 감정에 비해 긍정적 감정이 얼마나 더 높은가?	
	스스로 얼마나 부정적 감정을 컨트롤할 수 있는가?	
건강	신체적 건강을 점수로 매긴다면?	
	정신적 건강을 점수로 매긴다면?	
시간 사용	일과 휴식을 만족스럽게 배분하고 있는가?	
	자신이 원하는 대로 시간을 배분할 수 있는가?	
학습	더 나은 삶을 위한 지식을 쌓는 데 규칙적으로 시간을 할애하는가?	
	삶에서 더 나은 가치를 발견하기 위해 규칙적으로 노력하는가?	
문화활동	자주 즐기는 문화활동이 있는가?	
	돈을 들이지 않고 즐기는 여가활동이 있는가?	
정치 참여	기본권을 지키기 위해 정치 활동에 참여하는가?	
	사회적 불이익을 해결하기 위해 정치적인 행동을 하는가?	
지역사회 활동	이웃과 더불어 살기 위해 봉사나 기타 활동을 하는가?	
	살기 좋은 공동체를 만들기 위한 활동에 참여하는가?	
생태 보전	환경을 보호하기 위한 노력을 하고 있는가?	
	생태를 보전하기 위한 활동에 참여하고 있는가?	
기본 소득	만족스러운 삶을 살기 위한 최소한의 소득이나 터전이 있는가?	
영성	소득이 적더라도 정신적 만족감을 주는 가치나 믿음이 있는가?	
자립	자신의 힘으로 벌 수 있는 최소한의 소득으로도 행복하게 살 능력이 있는가?	
연대	임금을 받을 능력을 상실할 경우, 자신을 부양할 공동체나 동료가 있는가?	
총 점		

　　　　　　　　　　　　　　　⟶　　자기행복개발지수가 얼마나 되나요? 나쁘지 않은 점수를 받았다면 이제 당신의 열정을 행복하기 위해 노력하는 데에도 써보면 어떨까요? 자기행복개발지수가 높은 사람은 자기 행복지수를 높일 수 있는 가능성이 높습니다.

　　　자기행복개발지수가 낮다고 실망할 필요는 없습니다. 자기행복지수는 자기자본지수보다 훨씬 가변성이 높기 때문입니다. 돈은 노력한다고 누구나 많이 가질 수 있는 것이 아니지만 행복은 노력하는 만큼 얻을 수 있습니다. 경쟁이 없기 때문입니다.

BCB(반농 반X형)

반농 반X | 일본의 생태운동가 시오미 나오키가 만든 개념. 텃밭과 같은 소규모 자급자족적 농사를 짓고, 나머지 시간은 자신이 하고 싶은 일이나 해야 할 일로 채우는 삶의 방식.

- 텃밭이나 작은 규모의 농사를 통해 최소 생계를 해결하고 나머지 시간과 열정을 저술, 예술활동, 지역활동, 시민운동 등에 사용하는 삶의 방식.

- 이 유형의 사람들에게 텃밭은 일종의 사회적 안전망 역할을 한다. 최소 생계를 해결할 수 있다는 것은 A코스를 탈출할 용기를 줄 뿐만 아니라, 지역경제와 생태경제의 기초가 될 수 있음을 뜻한다.

- "토지는 삶에 안정성을 가져다준다. 토지는 인간 삶의 터전이며, 육체적 안전의 조건이다. 심지어 계절의 아름다움도 모두 거기에 담겨 있다. 토지 없이 삶을 영위한다는 것은 손발 없이 세상을 살아가는 것만큼 어려운 일이다"라는 경제학자 칼 폴라니의 말에 동의하는 사람들이 이 코스에 속한다.

BCC(탈루형)

탈루 | 제주 성산 지역의 주민이다. 고등학교 시절 전교 꼴찌가 꿈이었다. 대학 대신 세계여행을 떠나 국내와 해외 곳곳을 돌아다니다 제주의 푸른 하늘이 좋아 시베리안 허스키 한 마리와 정착했다. 최소 의복으로 생활하며 제주에서 나는 재료를 사용하여 직접 자신의 집을 짓고 산다. 가출한 학생들을 돌봐주는 주민들의 선한 이웃이자 성산 지역의 생태를 지키기 위해 노력하는 환경운동가, 여행객들에게 자신이 기른 농산물로 저렴한 식사를 대접할 공간을 기획하고 있는 지구인이다.

- '세상은 넓고 할 일은 많다'는 사상을 가진 용기 있는 꼴찌들의 유쾌한 반란 코스.
- A코스의 부적응자들에게 '어쩔 수 없이 A코스에서 버티며 실패자로 살지 않아도 즐겁고 의미 있게 살 방법이 있다'는 것을 몸소 알려주는 사람들이다.
- 가난하고 소박하게 사는 것이 아름답다는 것을 보여주는 21세기적 삶의 유형.

CAA(에밀리아형)

에밀리아 | 이탈리아 북부 에밀리아 로마냐 지역의 약칭. 중소기업과 주민이 힘을 합쳐 성공적으로 자립적 공동체를 일구며 살고 있다. 세라믹 타일, 목공, 제화, 의료기기 등으로 특화된 중소기업 클러스트를 협동조합 형태로 운영하고 있으며, 전지구적 산업자본주의의 파고에 대항하는 상징적인 모델로 '에밀리아 모델'이라 불린다.

- 전지구적 거대 자본의 공세를 협동조합으로 결속된 중소기업 간의 연대로 극복한 유형.
- 사람 중심의 시민경제를 꿈꾸는 사람들이 택하는 유형.
- 중소기업과 지역, 그리고 정부가 상생하는 지역경제를 만들고 자 하는 사람들이 시도해 볼 가치가 있다.

CAB(문당마을형)

문당마을 | 홍성군에 있는 친환경농업마을. 유기농농업, 대안교육, 협동조합을 갖춘 지속 가능한 생태 유지를 목표로 하는 생태공동체.

- 친자연적인 공동체가 21세기적 삶의 해답이라고 믿는 사람들이 택하는 코스.
- '우주선지구'의 운명을 걱정하는 사람들이 모인 코스.
- 환경운동가 헬레나 호지(Helena Norberg-Hodge)가 말하는 '그 지역의 산물로 그 지역민이 살아가는 지역적 경제'를 운영하고자 하는 코스.
- 도시를 떠나서도 다양한 사람들과 어울려 즐겁고 행복하게 살며 지속 가능한 발전을 현실화할 수 있는 코스.

CAC(변산공동체형)

변산공동체 | 철학자 윤구병이 틀을 짠 변산에 있는 자급자족적 소농경제공동체. 생태공동체이기도 함. 독립된 개별 가구가 지역을 중심으로 뭉쳐 있는 문당마을과 달리, 단일공동체 내에서 공동경제체제를 운영함. 외부 판매가 생산의 주요 목적인 다루마리와 달리 공동체 구성원의 자급자족이 생산의 우선적인 목적인 공동체.

- 돈이 없어도 서로 뜻이 맞는 사람들끼리 모여 탈자본적인 세상에서 행복하게 살고자 하는 유형.

- 한국처럼 경쟁체제와 경제지상주의가 지배하는 사회에서 불가능한 실험 같지만 20년이 넘게 잘 유지되고 있는, 현실 가능한 상상의 공동체 유형.

- 우울과 불안은, 혼자 살면서 느끼게 되는데, 여기에 사람을 도구로 만들어버리는 시대가 불쏘시개 역할을 하며 사회 전체로 퍼지게 되었다. 경쟁체제와 경제지상주의를 벗어나면 길이 보인다. 사람과 사람, 자연과 사람이 서로 의존적인 관계로 재구축되어야 한다고 생각한다면 이 유형에 관심을 가져보길 권한다.

CBA(성심당형)

성심당 | 대전에 있는 빵집. 하루 생산량의 1/3정도를 지역에 기부하고, 이윤의 15%를 직원에게 성과급으로 지급한다. 직원들에게 회계 장부를 공개하고, 인사 평가에서 '동료 직원 사랑'에 대한 항목이 40%를 차지하는 직원들의 빵집. '우리는 가치 있는 기업이 된다'가 캐치프레이즈이며, 주변 지역의 농가, 협력업체, 사회적 기업이 함께 힘을 합쳐 키워가는 지역민의 빵집이다.

* A코스를 걷다가 "내가 잘 사는 게 내가 잘나서가 아니구나"를 깨닫는 사람들이 택하는 유형.

* 주인과 종업원이 뚜렷이 구분되지 않는다. 직원은 주인처럼 일하고 주인은 직원만큼 가지기 때문이다. 시민들은 이 가게의 빵을 사먹고, 주인은 시민의 사랑에 보답하기 위해 더욱 정직하고 투명하게 기업을 운영한다.

* 배고픈 장발장에게 기꺼이 빵을 나눠줘야 한다고 생각하는 사람들이 선호하는 유형이다. 빅토르 위고의 소설 『레미제라블』의 주인공 장발장은 시장경제 틀 안에서는 죄인이지만 시민경제 틀 안에서는 기본권을 누린 사람이다. 빵은 원래 배고픈 사람들이 먹으라고 만든 음식이다. 빵집 주인의 재산을 늘리기 위해 만든 물건이 아니다.

CBB(지구마을평화센터형)

지구마을평화센터 | 한국 대안학교의 시발점이 된 간디학교의 이사장을 지낸 양희창이 중심이 되어 만든 아시아 청년들을 위한 일종의 대안학교다. 아시아 청년들이 모여 평화를 배우고, 평화롭게 살 수 있는 방법을 모색하고 있다. 한국, 중국, 필리핀 등 아시아 7개국에 허브를 설치하고 아시아 청년들이 돌아가며 이 허브에 거주한다. 지구마을평화센터는 평화, 자립, 연대를 배우고 아시아를 하나의 평화공동체로 만들 꿈을 다지는 공간이다.

- 아시아 청년들 중 국경을 넘어서 평화, 탈자본, 지역화, 공동체 등을 만들고자 하는 사람들이 택하는 유형이다.

- 세상은 넓고 할 일은 많다. 자본만 국경을 넘는 것이 아니다. 한 나라의 국민이 아닌 지구인으로서 청년들이 국경을 넘어 연대하고, 친구가 되는 새로운 세상을 만들어 가야 한다.

- 처음에는 길이 없는 것처럼 보이지만 한 명 두 명 걷다보면 길이 된다는 신념이 있는 사람들이 택하는 코스다. 정치나 경제 논리가 아니라 같은 신념을 가진 사람들이 모여 공동체를 만들어가야 한다는 발칙한 상상력이 필요한 코스다.

CBC(성미산공동체형)

성미산공동체 | 서울시 마포구 성미산 주변에 위치한 마을공동체. 1994년 맞벌이 부부들의 육아공동체로 시작하여 많은 것을 공유하는 마을공동체로 발전한 대한민국의 대표적인 도심 공동체다.

- 직장이 몰려 있는 도심을 떠날 수 없는 사람들이 공동체를 결성해 공동의 문제를 해결하고자 하는 유형.
- 육아공동체, 독서공동체, 어르신돌봄공동체, 식사공동체, 구매공동체 등 서로 돕고 의지할 필요가 있는 부문공동체를 해보고 싶은 사람들이 택한다.
- 최근 번지고 있는 청년들의 셰어하우스도 여기에 속한다.

CCA(민달팽이유니온형)

민달팽이유니온 | 청년들의 주거문제를 해결하기 위한 시민단체. 2011년 연세대에서 학생기숙사 문제를 해결하기 위해 결성되어 대한민국 청년들의 주거문제를 해결하고자 노력하는 시민단체.

- 열악한 한국사회의 사회적 안전망을 시민들의 힘을 모아 해결하고자 하는 유형.
- 사회경제적 불평등을 해소하고자 하는 시민운동가들, 촛불혁명이 유동성을 가져야 한다고 생각하는 사람들이 여기에 속한다.

───────────────→ 극심한 경제체제 속에서 경제지상주의적 가치관을 가지고 살아온 대부분의 대한민국 청년들에게 시민주의적 삶은 매우 낯설 수밖에 없습니다. 대부분의 청년들은 자기자본지수뿐만 아니라 자기시민지수도 그다지 높지 않을 것입니다. 청년들 중에 사회적 가치를 위해 자신의 삶을 바치겠다는 사람은 10%도 채 되지 않습니다. 지금 대한민국의 우울한 자화상입니다.

그래도 희망적인 것은 지금 자기시민지수가 아무리 낮다고 하더라도 용기만 있다면 지금부터라도 얼마든지 시민주의자의 길에 들어설

수 있고, 잘 걸어갈 수 있다는 점입니다.

　A코스와는 다르고 B코스와 유사합니다. 물론 자기시민지수도 하루아침에 높아질 수 있는 것은 아닙니다. 마라토너들처럼 조금씩 천천히 늘려나가야지요. 다음 페이지의 자기시민개발지수를 한번 체크해보세요. 각 항목별로 지금부터 10년 후 나의 모습을 상상하여 적으면 됩니다.

　당신의 자기시민개발지수는 얼마입니까?

나의 자기**시민**개발지수는?

	질문	점수
기본재	누구나 일하지 않아도 먹을 수 있어야 한다고 생각한다.	
	사회적 약자를 위한 사회적 안전망은 무엇보다 우선적으로 만들어져야 한다고 본다.	
	누구든 일정 정도 일하면 집을 살 수 있어야 한다고 생각한다.	
	국가는 집을 살 수 없는 사람들에게 어떤 형태로든 주거를 보장해주어야 한다는 의견을 지지한다.	
	깨끗한 공기를 마시기 위해서는 산업화를 어느 정도 포기할 수 있다고 생각한다.	
	어떤 일을 할 때 환경에 끼치는 영향을 먼저 생각한다.	
	남북 간 정전 협정 체결을 지지한다.	
	동북아시아에 평화 체제를 구축하는 일에 적극 찬성한다.	
관계재	사회적 약자를 위해 무엇인가 노력할 생각이 있다.	
	우리 사회에 존재하는 차별과 혐오에 관심을 가지고 있다.	
	미래 세대를 위해 자원 남용은 막아야 한다.	
	맑은 물과 깨끗한 공기는 미래 세대에 남겨주어야 할 유산이다.	
	부의 세습을 막는 더욱 강력한 법안이 필요하다.	
	개인에게 집중되는 지나친 부의 축적은 막아야 한다.	
	인간은 더불어 살아야 더 행복할 수 있는 존재이다.	
	아이와 노인이 더불어 사는 마을이 필요하다.	

⎯⎯⎯⎯⎯⎯⎯→ 이번에도 별로 좋은 점수를 얻지 못했나요? 실망하지 말고 '가비오타스' 이야기를 들어보세요. 마약의 원료인 코카인조차 자라지 않는 황무지였던 가비오타스 지역이 전 세계가 주목하는 살기 좋은 마을로 거듭난 이야기입니다.

CCB(가비오타스형)

가비오타스 | 콜롬비아의 지역명. 정부군과 우익 민병대, 좌익 게릴라 간의 전쟁으로 황폐해진 땅에 교수, 엔지니어, 농민, 부랑아, 원주민들이 모여 만든 이념을 초월한 평화공동체이자 화석 원료를 쓰지 않는 생태 공동체이다. 적도의 미풍으로도 돌아가는 재활용 풍차, 오염된 식수의 세균을 제거해주는 태양열 주전자, 시소를 이용한 초효율 펌프 등 적정기술을 활용하여 생활을 영위하고 있다. 동일한 임금을 받으며, 의식주, 교육, 의료가 무상으로 제공되는 전 세계적 주목을 받고 있는 곳이다.

- 잃을 것이 별로 없는 자들이 선택할 수 있는 최후의 한 수 같은 유형.
- 용기와 상상력이 필요한 유형.
- '나는 자연인이다'에 나오는 사람들이 택하면 좋을 유형. A코스에서 도태된 사람들, 가족들에게 버림받은 사람들, 경쟁체제에 적응하지 못하는 사람들, 그런 사람 100명이 모여 그들이 가진 상상력과 그들의 생활력을 합친다면 대한민국에도 가비오타스보다 멋진 마을 하나가 탄생할 수 있지 않을까. 길이 잘못되었다면 연대하여 새 길을 만들자.

CCC(평화공동체형)

평화공동체 | 폭력과 전쟁으로 얼룩진 20세기 한반도가 가야 할 상상의 공동체이자 남북의 평화를 사랑하는 주민들이 꿈꿔 온 지역민공동체. 한반도와 한반도 주변 지역의 평화를 공동의 목표로 한 21세기형 동아시아 공동체이다.

- 대한민국의 민주주의를 완성하고자 하는 시민주의자, 한반도의 역사적 핵심과제 해결을 자신의 일거리로 삼고자 하는 사람들이 속하는 유형.

- 남북 분단과 대치 상황이 만들어내는 불행을 제거하고자 하는 치유의 코스.

- 전쟁과 폭력으로 얼룩진 20세기 역사를 청산하고 평화와 우애로 결속된 동북아를 만들고자 하는 탈민족적 동아시아인들이 택하는 유형.

- 남북횡단 철도를 타고 유럽여행을 하는 꿈을 꾸고 있다면, DMZ에 가서 텐트치고 반딧불을 보고, 금강산 가서 평양냉면 먹고 식후경하고, 연변에 가서 윤동주의 시 '별 헤는 밤'을 읊고, 시베리아 벌판에서 은하수를 보며 오래된 미래를 그리고, 베를린 장벽과 남북 휴전선의 철조망 한 조각을 맞춰보기를 꿈꾼다면 이 코스를 택해도 좋다.

SELF

DISCOVERY

BOOK

#4
Design your life

나의 삶 디자인하기 ● ● ●

#4
DESIGN
YOUR
LIFE

지금까지 다양한 삶의 유형을 살펴봤습니다. 하지만 현실에서 인생은 결코 27개 유형으로 한정되지 않습니다. 자신의 가치관과 능력, 그리고 그것을 잘 살릴 수 있는 길을 파악하고, 자신만의 삶을 다시 디자인할 때입니다.

지금 당신는 행복한 일을 찾는 것이 중요합니다. 그 일을 찾는 데 많은 시간을 들이세요. 내일을 너무 믿지 마세요. 길이 잘못 되었다면 아무리 열심히 걸어도 목적지에 도달할 수 없습니다.

문제는 지금 내가 서 있는 길입니다. 나에게 맞는, '나만의 길'을 찾아야 합니다.

고장난 세상,
왜 우리는
바꾸려 하지 않을까?

—————————— 우리는 세 가지 측면에서 자기점검을 해보았습니다. ①나는 어떤 가치를 가지고 살고 있는가? ②나는 그런 가치를 달성할 만한 능력을 갖춘 사람인가? ③어떤 일을 통해 나의 행복을 추구할 것인가? 그것을 반영해 정형화한 것이 27가지 삶의 유형이었습니다. 여러분은 그중 한 유형을 선택했을 것입니다. 중요한 것은 지금 어떤 유형에 속해 있느냐가 아니라, '어떤 유형이 나에게 적합한가'입니다.

우리는 모두 행복할 권리가 있는 사람들입니다. 자율적으로 내가 살고자 하는 유형을 선택하고, 변화를 모색해야 합니다.

청춘들의 삶을 유형화해보면 몇 가지 특징이 드러납니다. 가장 큰 특징은 A코스에 해당하는 사람이 압도적으로 많다는 것입니다. 시스템이 그렇게 만들어져 있으니 당연한 결과입니다. 그러나 문제는 자기자본 등급이 C인데도 A코스를 가고 있는 사람들이 다수라는 사실입니다. 피에르 부르디외(Pierre Bourdieu)가 말한 '계급오류'에 빠져 있다고 볼 수 있습니다.

계급오류란, 자신의 가치관과 능력이 서로 맞지 않는 삶을 사는 상태를 말합니다. 지금 한국사회에는 이런 사람들이 많습니다.

우리나라는 객관적인 지표로 보았을 때 선진국에 속합니다. GDP는 세계 11위이고 수출은 6위입니다. 경제규모는 세계 15위입니다(2018년 기준). 삼성이나 LG같은 어디 내놔도 번듯한 기업을 가지고 있고, 반도체를 포함한 많은 경쟁력 있는 상품들이 개발되었습니다. 소비 수준도 높아져서 청년들은 세련되어 보이고, 노인들도 경제적 여유를 누리는 사람들이 많아졌습니다. 지금까지 우리는 이런 것들을 참 중시하면서 살아왔고, 나름대로 성공을 거두었습니다.

그러나 겉은 멀쩡한 데 속이 곪아 있습니다. 2017년 OECD '더 나은 삶의 지수' 평가에서 한국민은 10점 만점에 5.9점을 받았습니다. 38개국 중 29위였습니다. 최하위는 면했습니다만 내용이 더 문제입니다. 이 지수는 모두 11가지 영역으로 나누어 조사됩니다. 그중 소득이나 직업, 교육, 안전 등의 지표는 그다지 나쁜 수준이 아닙니다. 그러나 삶의 만족도, 주관적 건강 인식, 일과 삶의 균형 부문은 최악의 상황에 놓여 있습니다.

특히 주목할 부분은 환경이나 공동체, 일과 삶의 균형과 같은 지표들의 수준이 최악이라는 점입니다. '미세먼지 농도' 부문에서는 38개국 중 38위로 순위가 가장 낮았고, '도움이 필요할 때 의지할 사람이 있다' 부문도 38개국 중 38위였습니다. '당신은 건강한가'를 물은 주관적 건강 상태 또한 33%만 긍정적인 답변을 했습니다. 이것 역시 38개국 중 38위입니다. 국내 기관들 조사에서도 결과는 비슷합니다.

> 최근에 이루어진 한국보건사회연구원의 조사에 따르면 자신이 불행하다고 생각하는 사람이 우리 국민 중 74.4%에 달합니다.

저는 지금 우리 불행의 가장 큰 원인은 돈이 적거나 성공하지 못해서가 아니라 가치관과 능력, 그리고 가는 길이 서로 맞지 않은 데 있다고 봅니다.

한국인 대부분은 A코스입니다. A코스를 걷는 사람들이 가장 중요시하는 것은 돈과 안정입니다. 성인남녀를 대상으로 자신의 능력과 상관없이 가지고 싶은 직업을 물어보면 1위가 공무원 및 공공기업종사자(26.7%), 2위 사업가(16.2%), 3위 사무직 회사원(15%), 4위 변호사, 의사 등 전문직(11.4%)으로 나타납니다.

그러나 모든 사람이 그토록 원하는 돈을 많이 주는 안정된 직장은 경쟁률이 아주 높습니다. 아무나 갈 수 없습니다. 그것이 A코스의 특징이기도 하지요. 무한 경쟁체제 아래서는 필연적으로 낙오자가 생깁니다. 그러니 당연히 현재 직업과 희망직업이 불일치하는 사람들이 다수일 수밖에 없습니다. A코스를 선택하는 순간 이미 많은 사람들은 불행이 예정되어 있는 셈입니다. 지금 하고 있는 일과 자신이 하고 싶은 일이 다를 때 일주일에 5일은 행복하기 힘들 것입니다.

그럼에도 불구하고 여전히 많은 사람들은 A코스를 꾸역꾸역 걸어가고 있습니다. 2018년, 구인구직 사이트 '사람인'의 조사에 따르면 하고 싶은 일을 하는 사람보다 하기 싫어도 어쩔 수 없이 일을 하는 사람들이 훨씬 더 많습니다. 미취업자들 중에서 '성공 가능성이 있는 직업'과 '자신이 하고 싶은 꿈의 직업'이 일치하지 않는 사람이 66.6%에 달합니다. 직장인들은 더욱 심각합니다. 75.5%가 현재 직업과 희망직업이 일치하지 않는다고 대답했습니다.

불행한 사람들이 이렇게 넘쳐나는데도 왜 대한민국 다수의 사람들은 A코스를 선택할까요?

자기자본지수가 A등급인 사람들이야 논리적으로는 당연합니다. 경쟁에서 이길 가능성이 높고 목표를 성취해서 더 많은 사용가치를 가질 수 있기 때문입니다. 자기자본 B등급까지도 시대를 잘 만나고, 흐름을 잘 읽으면 기회가 전혀 없지는 않을 것입니다. 한번 도전해 볼 만합니다. 그러나 수많은 C등급도 이 길을 꾸역꾸역 가고 있습니다. 말 그대로 성공해서 행복해질 가능성이 '로또 당첨 확률'인 데도 말입니다.

현실을 냉정하게 판단하고 스스로 행복할 수 있는 길을 가지 못하는 것은 결국 컴퓨터로 비유하자면 CPU의 잘못입니다. CPU가 문제가 있어서 네비게이션이 오작동하는 것입니다. 사람에게 CPU에 해당되는 것은 철학에서 '주체성'이라 말하는 '자아'입니다. 주체성이란 ①자신이 살고 싶은 삶을 설정하고 ②자신이 놓여 있는 환경과 자신의 능력을 제대로 파악하여 ③그것에 맞는 길을 가는 것입니다. 1과 2가 CPU라면 3은 네비게이션입니다.

C등급의 사람들이 알아야 할 첫 번째 사실은 이제 전 지구적 잔치는 끝났다는 것입니다. 계급 사다리를 오르는 것은 요행을 바라는 것과 같아졌습니다. 고성장 시대에는 계급 사다리를 올라갈 기회가 제법 있었습니다. 80년대 이후 많은 사람들이 자칭 중산층이라 생각할 정도로 성공할 수 있었던 가장 큰 이유는 전 지구가 경제적 호황을 누렸기 때문입니다. 잔치는 끝났습니다. 이제 개발과 성장의 열매를 만족스럽게 나눠가지던 시대는 끝나고, 가진 자들이 내부의 가난한 자들의 몫을 노리는 시대가 도래했습니다. IMF 구제금융사태는 그런 시대의 서막이었습니다.

불행히도 지금 청년들은 잔치가 끝난 시대를 살고 있습니다. 전혀 다른 시대가 왔는데도 우리의 많은 청년들은 시대의 변화에 적극적으로 대처하지 못하는 듯합니다. 살고자 하는 삶이 대부분 A코스로 비슷합니다. 왜 그 길을 가고 싶은지는 따지지도 않습니다. 남들처럼 사는 것이 행복하다고 자위하며 끊임없이 남들의 시선에 맞추어 살아가는 경향이 있습니다. 이런 경향을 저는 '신(新)식민주의 체제 속에서 사는 사람들에게서 나타나는 새로운 형태의 식민성'이라고 판단하고 있습니다. 이른바 '신(新)식민성'입니다.

부인하고 싶지만 대한민국은 아직 완벽하게 근대로 들어오지 못한 상태입니다. 우리는 전제봉건왕조체제 속에서 살다가 우리 힘으로 우리 식의 근대 국가를 만들지 못하고 일본에 의해 타율적 근대화를 하게 되었습니다. 식민지 상태에서 소농경제체제는 산업 자본주의 체제에 편입되었고, 우리에게 걸맞는 새로운 근대상은 서구적 근대상으로 대체되었습니다. 온전히 우리 힘으로 해방을 맞이하지도 못했습니다. 분단이 되어야 했고, 생각이 달라 두 편으로 갈라져 전쟁까지 벌였습니다. 해방을 맞이했음에도 불구하고 우리는 또 다시 우리 식의 좋은 삶을 온전히 만들 기회를 가지지 못했습니다. 서로가 서로를 적으로 생각하는 냉전 이데올로기가 일상을 지배하는 시간을 보냈습니다. 냉전체제 또한 우리 힘으로 극복한 것은 아닙니다. 지금도 우리는 전쟁 상태에 머물러 있습니다.

체제는 이데올로기를 낳습니다. 제국에 의해 만들어진 분단체제에서 사는 한 우리는 '제국의 식민주의'를 일정 정도 수용한 신식민성을 가질 가능성이 높습니다. 이는 우리에게 유리한 가치관을 가지고 자신의 삶을 사는 것이 아니라 누군가의 가치에 맞추어 자신을 희생하는 삶을 살아가는 형태로 발현되었습니다. 자본의 논리에 순응하고 주류의 가치체계에 복종할 것. 그것이 제국의 식민주의가 요구한 것이었습니다.

제국의 식민주의를 수용한 한국의 주류는 한국식 주류의 이데올로기를 만듭니다. 자본에 순응할 것을 가르치는 경제지상주의, 주류의 가치체계에 따를 것을 요구하는 반공주의와 친미주의가 그것입니다. 신식민주의에 포섭되면 그런 이데올로기를 수용해서 전혀 이로울 것이 없는 사람들조차 그런 이데올로기를 신봉하게 됩니다.

청년들이 가지는 대표적인 신식민성이 경제지상주의입니다. 더 많은 사람들이 경제지상주의에 포섭되어야 주류에게 절대적으로 유리합니다. 많은 사람들이 주류의 가치관에 포획되는 순간, 그들은 주류가 마음대로 주무를 수 있는 소비재가 되고, 주류의 이익을 만들어주는 소비 주체가 됩니다. 신식민성에 포섭되어 있는 사람들이 가지는 대표적인 정체성 중에 하나가 '소비자로서의 정체성'인 이유도 여기에 있습니다.

> 신식민성에 빠진 사람들은 두 가지 대표적인 특성을 드러냅니다. '자아상실'과 '현실로부터 도피'가 그것입니다.

자아상실이란, 스스로 자신에게 맞는 가치관을 만들지 못하고, 본인의 능력에 맞는 본인에게 어울리는 길이 무엇인지 바로 보지 못하는 현상을 말합니다. 그런 사람들은 자신의 관점에서 세상을 보는 것이 아니라 길들여진 관점으로 세상을 볼 수밖에 없습니다.

현실로부터 도피란 지금, 여기라는 시공간에서 눈에 보이는 현상을 직시하지 못한다는 말합니다. 그런 사람들은 자기 자신조차도 있는 그대로 보려고 하지도 않습니다. 있는 그대로의 자신을 자신이라 생각하지 않고, 언젠가 되고 싶거나 될 수 있다고 믿는 자신을 자신이라 생각합니다. 손에 잡히는 이곳의 행복보다 다른 곳에 있을 듯한 그곳의 행복이나 지금의 행복보다 미래의 상상된 행복을 끊임없이 추구합니다.

　　대학을 가기 위해 10대를 시험공부에 바치고, 취업을 하기 위해 20대를 스펙 올리기에 올인하며 삽니다. 내일은 행복할 수 있을 것이라는 막연한 믿음에 기대어 오늘을 사는 것입니다. 친구와 마주앉아 있어도 휴대전화 안에 있는 다른 사람과 대화하고 있습니다. 학생들의 꿈이 추상적인 것도 현실로부터 도피했던 오랜 습관과 연관이 있습니다.

　　우리 청년들이 모두 신식민주의자라는 이야기는 아닙니다. 어느 체제든 그 안에 사는 사람들은 대세의 이데올로기를 가지고 살게 됩니다. 분단체제에 사는 우리 또한 신식민성이라는 나쁜 삶의 가치관이 있을 수 있다는 것입니다. 물론 사회학자 에드워드 사이드가 말한 대로 이데올로기는 체제에 종속되는 것만은 아닙니다. 독립적이거나 선도적이기도 합니다. 저도 이 이론에 동의합니다.

이제 우리는 누군가가 길들여놓은 나쁜 삶의 가치관을 버리고 우리에게 적합한 좋은 삶을 향해서 적극적으로 나아가야 합니다. 그런 사람이 많아질 때 체제 또한 보다 합리적이고 올바른 방향으로 변화될 것입니다. 지금은 유럽을 여행갈 일이 아니라 유럽같은 세상을 만드는 일을 해야 할 때입니다. 신식민성을 버리고 자신의 눈으로 세상을 보아야 합니다. 더이상 대학생의 반 이상이 우울증을 앓고 있는 시대는 우리 손으로 끝내야 합니다.

기득권이 만든 공식에
휘둘리지 않는 법

————————————— 청춘들의 삶을 유형화시켰을 때 드러나는 두 번째 특징은 자신이 가고 있는 길을 제대로 설정하지 못하고 있다는 것입니다. A코스적 가치관을 가지고 있는데 자기자본등급이 C이거나, 실제로 A코스를 걷고 있으면서도 스스로는 B코스를 걷고 있다고 생각하는 사람들이 많습니다. 이 역시 일종의 신식민성입니다. 이런 개념이 부담스러운가요? 어떻게 부르던 그것은 중요하지 않습니다. 원인을 파악해서 본인에게 알맞은 삶을 사는 것이 중요합니다. 왜 이런 일이 일어나는지부터 알아보아야 합니다.

먼저 알아야 할 것은 이런 현상들이 나타나는 것이 지금 청춘들의 잘못이 아니라는 사실입니다. 세상이 그렇게 생겨먹어서 그렇습니다. 지금 대한민국 사회는 돈이 있어야 행복하도록 만들어져 있습니다. 2017년 한국보건사회연구원 조사에 의하면 저소득층의 삶의 만족도는 45.64%(대체적으로 만족 41.10%, 매우만족 0.54%)인 것에 비해 일반소득층은 72.82%(대체적으로 만족 68.82%, 매우 만족 3.07%)입니다.

돈으로 살 수 없는 것들이 없고, 돈이면 무엇이든 할 수 있는 세

155

상에서는 돈을 가진 자들이 더 만족스러운 삶을 살 수밖에 없습니다. 그런 세상에서 돈을 벌 궁리부터 하는 것은 너무도 당연합니다.

청춘들이라고 그런 다람쥐 쳇바퀴에서 벗어날 궁리를 안 해보는 것도 아닙니다. 그들도 이 지구상의 어떤 청년들보다 열심히 살고 있습니다. 경제지상주의가 판치는 경쟁체제에서 자기자본지수가 낮은 사람들이 행복을 달성할 수 있는 지름길은 자기자산등급을 올리는 것입니다. 오늘도 그들은 자기자본지수를 올리기 위해 매일을 고3처럼 살고 있습니다. 그래서 더욱 절망적입니다. 이미 20년 넘게 경쟁을 해본 많은 청춘들은 그 길이 쉽지 않음을 알면서도 한번 더 부딪쳐보는 것입니다. 열정절벽의 시대입니다. 대한민국에서 자기자본등급은 열정을 쏟는다고 올라가지 않습니다. 그래서 불안하고, 그래서 뭐라도 하고 싶은데 뭘 해야 할 지 모릅니다.

이성적으로 생각해보면, '어차피 안될 거 다른 모험이라도 시도해 보면 되지' 할 수도 있습니다. 그러나 현실은 그렇지 못합니다. 시스템의 힘이 너무 강력합니다. 돈 없으면 아무 것도 할 수 없는 세상이 만들어져 있습니다. 아무리 시스템이 강하더라도 빵부스러기로 행복에 만족하지 못하는 사람들은 저항하기 마련입니다. 그러나 지금은 저항의 기술보다 시스템의 유지 능력이 더 뛰어나 보입니다. 시스템은 다양한 방식으로 청춘들을 A코스에 묶어 놓으려고 유혹합니다.

스마트폰은 그들이 발명한 최첨단 무기입니다. 그들은 예전에 없었던 신식 무기를 통해 끊임없이 새로운 상품을 홍보하고, 맛집을 소개

합니다. 해외여행 가서 찍은 사진을 올리는 데 많은 시간을 소비하게도 만듭니다. 시스템은 끊임없이 '이런 사소한 행복을 추구하는 일이 네가 누릴 수 있는 최고의 행복이야. 이 길에서 열심히 일해서 행복해져야지'라고 위로하고, 꼬드깁니다.

그래도 넘어가지 않는 청년들이 있고, 맛집으로 달랠 수 없는 고통과 불안들이 있습니다. 그런 사람들에게는 '무지개전법'을 사용합니다. 일종의 희망고문입니다. "참아. 그러면 언젠가는 행복한 날이 와." 20년 넘게 속아왔지만 여전히 솔깃합니다.

실패 좀 하면 어때요. 좀 넘어지고 그럴 수 있지.
라면을 봐. 물에도 빠지고, 불에도 팔팔 끓고
하니까 맛있어지잖아. 아- 얼마나 맛있겠어.
신라면 먹을 사람?

_신라면 광고 중에서

라면 광고의 멘트입니다. "실패 좀 하면 어때요? 좀 넘어지고 그럴 수 있지" 어디서 많이 듣던 말이네요. '아프니까 청춘'이라는 식의 위로입니다. 이런 류의 메시지는 TV와 서점에 넘쳐 납니다.

이런 위로들이 가지는 치명적인 결함이 있습니다. 정작 이런 메시지를 생산해내는 그들은 라면에 은유한 청년들을 삶에 대해서 전혀 관심이 없다는 것입니다. 늘 라면을 먹는 주인공의 관점에서만 이야기합니다. 스카이캐슬에 나오는 서울대를 나온 부모님들 말씀같습니다.

그들은 늘 주인공이고, 그들의 아이들도 주인공이어야 합니다. 그들의 가족 이외의 사람들은 "필요할 때 쓰고 버리는 것들"입니다. 엑스트라인 셈이지요. 더욱 큰 문제는 엑스트라들에게 준 그 푼돈조차 다시 빼앗아간다는 것입니다. 우리는 어렵게 번 돈을 그들이 만든 물건과 서비스를 사는 데에 아낌없이 지출합니다.

모든 스토리텔링에는 논리가 있습니다. 광고에도 스토리텔링을 짜는 자들의 논리가 드러납니다. 그들은 우리를 소비의 주체로 상정한 뒤 온갖 감언으로 꼬십니다. 우리를 유용하게 쓰기 위해, 고생을 정당화시키는 것입니다. 이 땅의 청년들이 가진 수많은 정체성 — 우리 부모님의 자식, 미래의 노동자, 군대 가야 하는 대한민국 국민, 미세먼지 속에 살아가고 있는 지구인, 삶을 살아야 하는 생물 등 — 중에서 그들은 소비자로서 우리의 정체성에만 관심이 있습니다. 이반 일리치(Ivan Illich)는 『누가 나를 쓸모없는 인간으로 만드는가』에서 인간이 한낱 소비재로 전락할 때 나타나는 현상들에 대해 서술합니다.

"자율은 무너지고, 기쁨은 사라지고, 경험은 같아지고, 욕구는 좌절된다"

소비재로 전락하면 자율성이 무너져 남의 시선에 맞춘 삶을 살게 됩니다. 그런 삶이 재미있을 리가 없지요. 결국 우리는 상품처럼 천편일률적인 인간형이 되고, 의지가 있어도 시도하지 못하는 무기력에 빠집니다. 그들의 소비재로 전락하는 순간 우리는 불행의 에스컬레이터를 타게 됩니다.

소비재로 전락한 사람들이 가지는 몇 가지 특징이 있습니다.

그런 사람들은 대부분 타인의 평가를 자기 삶의 좌표로 삼고, 항상 타인에게 자신을 입증하고자 합니다. 상품화되면 남들이 매기는 가격이 중요해지기 때문입니다. 반대의 경우도 있습니다. 타인의 시선을 극복하지 못해 타인까지 무시하는 경우입니다. 지금 거리에는 타인에 대한 무례가 넘쳐납니다.

무기력증에 빠지기도 합니다. 청년들 중에는 의외로 혼자 방안에 가만히 있는 것이 행복하다는 사람들이 많이 있습니다. 재미있는 것이 없고, 하고 싶은 일도 없으며, 알 수 없는 불안에 시달리다 보면 고립은 잠시 고통을 잊는 약으로 유용합니다. 그러나 A코스를 벗어나지 못한 고립은 무기력증만 키울 뿐입니다.

두통약에 중독된 사람들은 점점 더 강한 자극을 원합니다. 그런 사람들이 주로 사용하는 자극제가 비난과 혐오입니다. 타인의 취향을 비난하고 사람과 사람의 차이를 혐오합니다. 비난과 혐오는 문제의 본질을 가리는 데 아주 유용합니다. 주류는 필요할 때마다 그것들을 잘 이용합니다.

비난과 혐오 또한 그저 문제를 잠시 잊는 진통제일 뿐입니다. 순간을 견디게 해주지만 문제를 해결해주지는 않습니다. 『마취의 시대』를 쓴 로랑 드 쉬테르(Laurent De Sutter)는 조울증 환자에게 주어지는 지금까지 나온 가장 효과적인 약인 클로르프로마진을 복용하면 "고통이 무감각해질 뿐 실제로 증상이 호전되지는 않는다"고 말합니다. 그는 지금 이 시대는 마취에 취한 시대라고 단정하고 시대가 대중을 무감각하게 만들었다고 주장하며, "수술대 위에서 깨어나 광장으로 달려가기를" 주문하고 있습니다.

드라마 '알함브라 궁전의 추억'은 게임과 현실이 섞인 환각에서 깨어 나오지 못하는 주인공의 이야기입니다. 그는 잠들지 못해서 술과 수면제에 의존합니다. 그러나 그런 상태에서 할 수 있는 일은 겨우 가수면 상태에서 현실에 무감각해지는 것 뿐이었습니다. 주인공이 환각에서 빠져나오는 방법은 술과 약을 먹는 것이 아니었습니다. 게임의 세계에서 빠져나오는 것입니다.

메인 컴퓨터의 서버를 닫으면 주인공은 현실로 돌아옵니다. 이제 우리도 현실이 어렵다고 맛집과 여행에 빠져 있을 것이 아니라 가상의 서버를 닫고 현실로 돌아와야 할 때입니다. 현실로 돌아오는 첫 번째 방법은 기득권자들이 우리를 유혹하는 서버를 닫는 것입니다.

나다운 삶을
찾아라

───────────── 이제 기득권의 논리에 휘둘리지 않고 나에게 맞는, 나다운 삶을 찾아나설 때입니다. 나다운 삶이란, 자신의 능력에 맞는 가치관을 가지고 가치관을 실현할 수 있는 길을 찾는 것입니다. 어떻게 하면 가능할까요? 방법은 두 가지가 있습니다. 하나는 세상을 바꾸는 방법이고, 다른 하나는 나를 바꾸는 방법입니다.

지금까지 A코스의 사람들은 세상을 바꾸기 위한 행동보다 나를 세상에 맞추어 행복해지고자 했습니다. 나의 능력을 세상이 요구하는 대로 바꾸다가 지친 것이 지금의 청년들입니다. 다른 것은 없을까요? 열정절벽에 부딪친 사람들에게 가장 좋은 방법은 코스를 바꾸는 것입니다. A코스에서 벗어나 B코스나 C코스로 바꾸면 됩니다.

저성장과 부의 불평등이 일반화된 국가에 사는 자기자본 등급이 C등급인 청년들에게 권합니다. 이제 길을 바꾸어야 할 때입니다.

그러나 A코스를 벗어나는 일은 결코 쉬운 일이 아닙니다. 남들과 다른 가치관을 가지는 것 자체도 어려울뿐더러, 하루아침에 되는 일도 아니지요. 행복한 삶이나 좋은 삶을 찾아나선다 하더라도 출발할 때부터 많이 불안할 것입니다. 익숙하지 않은 삶이기도 하고, 알량한 기득권을 포기해야 하는 일이기도 합니다. 가족들의 반대에 부딪치기 십상이고, 세상의 따가운 눈초리도 쏟아질 것이 분명합니다.

그럼에도 불구하고 분명한 사실은, 나라는 존재는 나다운 삶을 살아야 행복해질 수 있게 만들어져 있다는 것입니다. 모자라는 능력으로, 어울리지 않는 가치관을 가지고 모두가 선호하는 길을 간다면 결국 불행해질 수밖에 없습니다.

어느 날 갑자기 코스를 바꾸지 못하더라도 조금씩 뭔가를 시도해보는 것은 어떨까요? 가장 먼저 할 일은 우리의 가장 큰 정체성부터 살려내는 일입니다. 살아 있는 사람으로서 가져야 할 생명력부터 회복하는 노력을 시작해봅시다.

> "사람은 심장이 있고, 아이가 있고, 일을 하며, 아파하고, 슬퍼하며, 춤을 춘다. 사람은 살고, 사랑하며, 죽는다. 이것이 중요하다. 우리는 기업을 위해 나라를 운영하는 것이 아니라 사람을 위해 운영한다"
>
> _마조리 켈리(Marjorie Kelly)

생명체로서 생명력을 회복하는 데 좀 더 많은 시간을 쏟아야 합니다. 죽어 있는 교실을 박차고 나와 손에 쥔 생선처럼 살아서 펄떡거려야 합니다. 버티는 데 시간을 쓰지 말고, 숨쉬고, 뛰고, 웃고, 슬퍼하고,

아파하고, 춤추는 데 좀 더 많은 시간을 보내시기 바랍니다. 돈을 버는 시간을 좀 줄이고, 돈으로 할 수 있는 일보다 돈 없이도 할 수 있는 일을 찾는 노력을 해야 합니다.

어떻게 할 지 잘 모르겠다고요? 우선 돈으로부터 한 발짝만이라도 자유를 확보하는 것이 필요합니다. 그래야 시간이 나고 숨통이 트입니다. 제일 쉬운 일은 '상상'입니다. 돈 없이도 행복한 그런 세상을 상상해보는 것입니다. 상상하는 데는 돈이 들지 않습니다.

첫눈이 오는 날을 공휴일로 정하면 어떨까요? 한번 상상해보세요. 멋지지 않은가요? 그저 상상에서나 가능한 이야기라구요? 아닙니다. 아시아 서남부의 부탄이라는 나라에서 실제로 일어나고 있는 일입니다. 객관적인 경제지표는 그리 높지 않지만, 행복한 국민들이 사는나라. 오늘은 그 부탄이라는 나라에 가보면 어떨까요? 돈이 없다구요? 우리에겐 스마트폰과 인터넷이라는 최신식 무기가 있지 않습니까. 아니면 도서관으로 가세요. 얼마든지 공짜로 책을 읽을 수 있답니다.

1인 당 GDP가 우리의 10분의 1 수준인 나라에서 눈이 온다고 놀다니, 한심한 나라라 생각해 오셨나요? 그렇다면 눈이 온다고 노는 전혀 다른 삶도 행복할 수 있다는 새로운 상상을 한 번 해보시기 바랍니다. 이미 많은 행복경제학자들은 ①경제성장이 행복으로 직접적으로 이어지지 않는다는 것을 증명했고, ②상대적 소득의 중요성을 밝혀냈고, ③돈 외에 사회적 관계나 자기 결정권 같은 것이 행복에 큰 영향을 미친다는 것을 밝혀내고 있습니다.

상상을 통해 새로운 행복을 맛보았다면, 이제는 욕망을 줄이는 연습을 해봅시다. 청년들이 돈 벌어서 하고 싶은 가장 큰 일은 좋은 집에 사는 일입니다. 교통이 편리하고 각종 시설이 갖춰진 대단지 아파트 대신에 '작은 집'에 사는 것을 꿈으로 삼는 것은 어떨까요?

일본에서 스몰하우스 운동을 하고 있는 다카무라 토모야(たかむらともや)는 그의 책 『작은 집을 권하다』에서 '최소 크기의 집'을 권하고 있습니다. 그가 말하는 작은 집은 말 그대로 작은 집입니다. 3평 남짓의 아주 작은 집에 사는 그는 큰 집을 사고자 하는 욕망이야말로 삶을 망치는 근본 문제라고 보고 있습니다.

그는 큰 집은 ①사람으로 하여금 노동의 강도를 높이게 만들고, ②돈이 될 지 여부가 행동의 가장 중요한 판단의 기준이 되고, ③돈이 되지 않는 것은 '취미'라는 분야로 묶여 여가로 즐기는 일이 되어 버린다고 말합니다. 반면에 작은 집은 ①과로나 실업의 불안을 완화시켜 주고, ②사람들에게 좀 더 과감하게 하고 싶은 일을 할 수 있게 하고, ③좀 더 풍요로운 삶을 누릴 수 있게 한다고 주장합니다.

행복경제학자들의 주장에서 한걸음 더 나아가는 사람도 있습니다. 좋은 삶을 추구해야 지속가능한 행복이 온다고 보는 사람들입니다. 로버트 스키델스키는 저서 『얼마나 있어야 충분한가』에서 인류 역사에서 돈이 인간 행복의 전부였던 적은 단 한 번도 없었다고 말합니다. 그들은 행복하기 위해 개인이 추구해야 할 것은 즐거운 심리 상태가 아니라 '좋은 삶'이며, 그것을 개인적으로만이 아니라 사회적으로 구축해야 한다고 주장합니다. 시민경제학자 스테파노 지마니(Stefano Zamagni)와 루이지노 브루니((Luigno Bruni)는 이런 주장을 좀 더 구체적으로 제시합니다. 『21세기 시민경제학의 탄생』에서 그들은 더불어 잘살 수 있는 시민경제체제를 만들자고 제안하고 있습니다.

청년들에게 작은 집을 권하면 당장 돌아오는 반응이 있습니다. 아무리 욕망을 줄인다고 하더라도 원룸에서 행복할 수는 없을 것 같다는 것입니다. 저도 전적으로 동의합니다. 그곳에서 행복할 수 있는 사람은 득도의 경지에 이른 사람일 것입니다. 토모야가 말하는 작은 집은 우리 곁에 흔하게 있는 원룸이 아닙니다. 자연과 더불어 있는 집을 말합니다. 별을 볼 수 있는 숲 속에 있는 작은 집이라면, 텐트만 한 공간이라도 행복할 수 있습니다.

한국을 대표하는 공간으로 꼽히는 담양의 '소쇄원'도 실제 가보면 주거공간은 한 사람이 겨우 누울 수 있는 정도의 크기입니다. 대신 창문을 통해 바깥의 자연까지 내 집처럼 이른 바 차경(借景)을 해서 우주만큼 큰 공간을 누리는 것이지요. 제대로 된 작은 집에 살기 위해서는 결국 주거 생태계 자체를 바꾸어야 합니다. 국가적이거나 전 지구적인 일과 연결되어 있습니다. 나의 욕망을 줄이는 일은 전 지구적인 성장 지상주의를 버리는 일과 더불어 이루어져야 합니다. 생태경제학자 허먼 데일리(Herman Daly)는 『성장을 넘어서: 지속가능한 발전의 경제학』에서 전 지구를 하나의 생태공동체로 파악하고 지속가능한 발전을 모색해야 한다고 주장합니다.

국가 단위로 그것이 가능하겠냐구요? 이미 실시하고 있는 나라도 있습니다. 코스타리카 같은 국가가 대표적입니다.

> 코스타리카는 전 국토의 27%를 자연국립공원으로 지정하여 개발을 막고 있습니다. 평화헌법을 만들어 군사비를 모두 없애고 그 돈을 교육과 의료, 환경보전에 사용하고 있습니다.

멋진 국가는 멋진 시민이 있어야 가능합니다. 고목과 쓰러진 나누를 사용해서 만든 폰다 벨라라는 호텔의 사장은 나무 한그루를 자를 때마다 나무 두 그루를 심었습니다. 나무를 자를 때 발생하는 미세먼지를 줄이기 위해 톱조차 얇은 줄톱을 사용합니다. 코스타리카의 자랑거리인 몬테베르데 같은 곳이라면 작은 집이라 할지라도 으리으리한 아파트보다 더 행복한 공간이 될 수 있을 것입니다.

꿈같은 이야기라구요? 네, 맞습니다. 이런 일은 시스템의 문제라 나 혼자서는 이루기가 불가능합니다. 그러나 숲이 있는 작은 집을 선호하는 사람이 늘어나고, 소박한 삶에서 행복을 추구하는 인간형이 늘어난다면 도심을 떠나는 사람들이 많아지고, 생태마을들이 생겨나고, 결국 국가도 그런 가치를 추구하게 되지 않을까요?

상상에 재미를 들이셨다면 이제 공부를 해봅시다. 나다운 삶을 살기 위해서는 인터넷 포털 사이트가 걸러주는 지식만으로는 부족합니다. 나다운 삶의 핵심은 자의식을 가지는 일입니다. 자의식은 '철학적 자각'과 '역사적 인식'으로 만들어집니다.

철학적 자각이란, 나답게 사는 삶이라는 게 어떤 것인지 스스로 정리해서 자신에 맞는 가치관을 가지는 일입니다. 역사적 인식이란, 자신을 중심으로 시공간의 좌표를 설정하는 일입니다.

우리는 지금 2010년대를 살고 있습니다. 고대의 노예도 아니고, 중세의 농노도 아닙니다. 식민지 시대의 이등국민도 아닙니다. 고개를 돌려 다른 나라를 보세요. 많은 행복한 국가들은 시민이 스스로 나라의 시스템을 바꾸고, 자신들이 살고 싶은 행복한 삶을 위해 시간과 노력을 쏟고 있습니다. 대만과 미국에서는 원하는 사람만 군대에 갑니다. 약소국인 코스타리카는 군대를 없애고 군사비를 환경에 사용합니다. 북유럽 사람들은 실업이 그다지 큰 걱정거리가 아닙니다. 경제적으로 가난한 나라 부탄은 눈이 오는 날 쉽니다.

지금 우리는 온전히 우리가 원하는 삶을 살 수 없는, 전쟁의 위협이 일상을 지배하는 분단국가에 살고 있습니다. 노동자가 절대적으로 불리한 자본주의 체제 속에서 살고 있기도 하지요. 아버지 직업이 많은 것을 결정해버리는 불평등한 경제구조 속에서 살고 있기도 합니다. 이런 사실을 직시하는 것이 역사적 인식을 가지는 일입니다.

너무 시대와 체제에 대해 부정적이라고요? 청년실업의 시대에 청년의 관점이 아니라, 승자독식 시대를 사는 부자의 관점으로 이야기

한다면 종일 이 시대를 찬양할 수도 있겠죠. 하지만 그렇게 하면 우리 사회의 불평등은 더욱 심각해지고, 국민 대부분이 행복한 나라와는 점점 거리가 멀어질 것입니다.

지금 우리에게 필요한 것은 철학적 자각입니다. 이런 사회가 한국사회의 절대적 다수에게 불리하고, 불평등한 사회 구조를 바꾸는 것이 개인의 삶에 지대한 여향을 미친다는 것을 깨달아야 합니다. 그런 철학적 자각을 바탕으로 역사적 인식을 가져야 하겠지요. 그렇게 나를 중심으로 시공간의 좌표를 명확하게 설정했을 때 비로소 나에게 맞는 자아가 형성됩니다.

인문학적 성찰이 어느 때보다 필요한 시대입니다. 그런데 안타깝게도 지금 대한민국의 청년들은 공부할 시간이 절대적으로 부족합니다. '우리나라 대학생이 한 해에 읽는 책이 야구선수 류현진의 방어률보다 적다'는 기사를 보고 웃을 수 없었습니다.

사실 해방 이후 대학은 지속적으로 새로운 시대를 만들어가는 선구적 공간이었습니다. 대학은 보수적이지만 대학생 스스로가 만든 자율적 공간은 진보적이었습니다. 그것들이 보다 나은 대한민국을 만드는 데 기여했습니다. 1980년대 대학에는 그런 공간들이 많이 있었습니다. 누가 뭐라 해도 그때 대학생들은 한국의 민주주의를 견인하는 핵심 동력이었습니다. 잘 살펴보면 대학의 커리큘럼이 진보적이었던 적은 단 한 번도 없습니다. 대학은 예나 지금이나 여전히 진부합니다. 인문계열 대학편입고사가 여전히 '영어' 한 과목인 것만 봐도 알 수 있죠.

삶이 갑갑하고 불안할수록 지적으로 숨 쉬는 공간이 필요합니다. 다시 청년들이 앞장서서 스스로 그런 자율적 공간을 만들어야 합니다. 홍세화 장발장은행장이 소개해 준 최근 프랑스 대학입학자격시험(바칼로니아) 철학 문제 몇 개를 볼까요?

"예술에 무감각할 수 있나?"
"욕망은 우리가 불완전하다는 징표인가?"
"부당한 일을 겪은 후에만 정당함에 대해 알 수 있나?"

바칼로레아는 4시간짜리 논술시험입니다. 선택이 아니라 필수입니다. 프랑스어가 5점 만점인데 이 논술고사는 7점 만점입니다. 어떤 학생은 답지를 4장 씩이나 써서 낸다고 합니다.

우리 대학생들에게 인문학 강의를 한 뒤, 자기 생각을 적어서 내라고 하면 A4용지 한두 장 채우기도 힘들어 합니다. 홍세화 은행장은 이런 현상을 '비판의식과 계급의식 대신에 시키는 대로 하는 훈련을 받아왔기 때문'이라고 분석합니다.

이제 길들여진 삶에서 벗어나 나다운 삶을 찾아나서야 합니다. 윤동주의 자화상에서 드러나는 '탈식민적 자의식'을 가다듬어야 할 때입니다.

나다운
일거리를
찾아라

─────────── 행복하게 살기 위해서는 행복을 느낄 수 있는 일을 해야 합니다. 남이 좋다고 하는 일이 아니라, 내가 좋아하는 일을 찾읍시다. 내가 좋아하는 일을 한다면 일주일에 5일을 행복하게 살 수 있습니다.

사실 "좋아하는 일을 하라"는 말은 1990년대 이후 수도 없이 들어온 유행어입니다. 그러나 그것은 길들여진 좋아하는 일이거나 길들이기 위한 미끼로 사용된 경우가 많았습니다. 당시 기성세대들의 논리는 지금까지도 효력을 발휘하고 있습니다. 요즘도 신입생들에게 좋아하는 일을 물으면 대부분 길들여진 좋아하는 일을 말합니다. 많은 사람들이 좋다고 하는 일을 좋아합니다. 교사가 되고 싶은 학생 중에 사회적 가치를 언급하는 학생은 별로 없습니다. "그냥 좋다"고 하거나, "어떤 선생님이 자신을 좋아해주어서 그런 선생님이 되고 싶다"고 말합니다. 그러나 좀 더 따져 물으면 대부분 "안정된 직장이기 때문"이라고 답합니다.

최근 한 언론사에서 취업 준비생들을 대상으로 설문조사를 했습니다. '정부나 공공기관에 입사하고 싶은 이유가 무엇인가요?'라는 질문에 95.5%가 '안정적일 것 같아서'라고 답했다고 합니다. 목표 직업을 선정할 때 가장 중요하게 고려하는 부분은 안정성(41.8%), 적성(17.1%), 월 수입(16.8%), 성공 가능성(11.9%), 미래 유망도(7.9%)였습니다. 안정된 직장을 위해 공무원이 되는 사람들은 자신이 좋아하는 일을 하고 있을 지는 모르겠지만 일주일에 5일이 행복할 가능성은 별로 없어 보입니다. 길들여진 좋아하는 일을 선택했기 때문입니다.

'길들여진 좋아하는 일'을 하는 게 왜 문제가 될까요? 1차적인 문제는 경쟁률이 치열하다는 점입니다. 많은 사람들이 그 자리에 가고 싶어 합니다. 그래서 탁월한 능력을 갖추지 않는 한, 관문을 뚫고 들어가는 것이 어렵습니다. 그 다음도 문제입니다. 길들여진 일들은 대부분 그 일을 하기 시작하면 재미가 없어집니다. 일 그 자체를 좋아해서 선택한 것이 아니기 때문입니다.

길들여지지 않은 좋아하는 일은 어떻게 찾을까요?

모든 일에는 고유의 목적이 있습니다. 일이 가진 고유의 목적과 나의 정체성이 서로 맞는 일을 찾으면 됩니다. 요리사는 배고픈 사람에게 따뜻한 한 끼를 주기 위해 만들어진 일입니다. 돈벌이는 그 대가이지요. 공무원은 안정된 직장을 원하는 사람이 선택할 일이 아니라 지역사회의 문제를 앞장서 해결하거나 국민에게 봉사하는 일을 하고 싶은 사람이 선택해야 합니다. 제가 아는 유명한 요리사 한 분은 절대 가게를 넓히지 않습니다. 오히려 나이가 들어가면서 규모를 줄이고 있습니다. 자기 힘으로 손님을 대접할 수 있을 정도면 족하다고 합니다. 그의 목표는 가게를 프랜차이즈화해서 돈을 버는 것이 아닙니다. 누군가가 자신이 만든 음식을 맛있게 먹어주고 그 보답으로 돈을 벌면 그것이 기쁨이고 행복이라고 말합니다. 그를 볼 때마다 '정말 좋아하는 일을 하며 사는 사람의 표정은 이렇구나' 하는 생각이 듭니다.

현재 A코스를 걷고 있는 사람들이 하고 싶은 일은 일 그 자체가 아니라 그 일이 주는 대가일 경우가 많습니다. A코스에서는 보통 '대가가 큰 일'을 '하고 싶은 일'이라 부릅니다. 그런 구조에서 자기자본지수가 낮은 사람들이 '좋아하는 일' 타령만 하다가는 그들의 들러리가 될 확률이 높습니다. 자기자본지수가 낮은 사람들은 하고 싶은 일보다 할 수 있는 일을 먼저 찾는 것이 필요합니다. 할 수 있는 일을 찾아 그 일을 제대로 하는 것이 훨씬 행복해질 가능성이 높습니다.

기업인들을 만나보면 요즘 청년들은 하고 싶은 일도 없고, 할 줄 아는 일도 없다는 푸념을 늘어놓곤 합니다. A코스적 관점에서 보면 틀린 말이 아닙니다. 아버지의 직업이 자식의 인생까지 결정하는 세상에서, '쓸만한 인재'가 되기란 복권 당첨과 다를 바 없습니다.

그러나 경제지상주의를 탈피해서 바라보면 할 수 있는 일은 많습니다. 저는 경제지상주의를 떠나 할 수 있는 일을 '일거리'라고 부릅니다. 교수라는 일을 하고 싶은 사람이 경제지상주의를 버리면 가르치는 일거리를 찾게 됩니다. 교사여도 되고, 지역 사회의 어려운 학생들을 가르쳐도 됩니다. 가질 수 있는 직업이 엄청나게 늘어나는 것입니다. 세상은 넓고 일거리는 많습니다.

일거리를 찾은 사람이 다음으로 할 일은 각자 삶의 결을 만드는 일입니다.

'결'은 자아와는 다릅니다. 자아를 확립했다고 해서 결이 생기는 것은 아닙니다. 자아가 가리키는 방향을 따라 지속적으로 걸어야 결이 생깁니다. 나무에게 나이테가 있듯 사람에게도 고유의 결이 있습니다. 그런 결을 지키고 사는 사람을 '품격 있다'고 하지요. 결이 있는 사람만이 흔들리지 않는 지속가능한 행복을 누릴 수 있습니다.

사람의 결은 사람다운 가치를 추구할 때 생깁니다. 사람다운 가치란, 간략하게 '진선미(眞善美)'로 요약됩니다. 바르게, 착하게, 아름답게 사는 것입니다. 그런 가치를 추구하면서 살아야 사람다운 결이 생깁니다. 지금 우리는 생존, 즉 버티는 데 급급하여 고유의 결을 잃어버렸습니다. 이제 우리는 삶의 결을 찾아야 할 때입니다.

기회가 된다면 다큐멘터리 「바르다가 사랑한 얼굴들」을 보세요. 영화감독 아녜스 바르다(Agnes Varda)와 사진작가 제이알(JR) 두 명의 프랑스 예술가가 주인공입니다. 두 사람은 트럭 한 대에 대형 프린터를 싣고 프랑스 각지를 다니며 주민들의 얼굴을 찍어 프린트합니다. 그리고 주민들의 얼굴 사진으로 마을을 장식하죠. 마을에 예술을 입히는 것입니다. 돈도 안 되고 오래 남지도 않는 실험적인 예술작업이었지만 그들이 스쳐지나간 마을은 풍성해지고, 그들과 만난 사람들의 삶은 아름다워졌습니다. 품격 있는 사람은 세상은 그렇게 생각을 변화시킵니다.

지금 우리 사회에 필요한 '결'은 무엇일까요? 청년들은 일자리가 없고, 서민들은 주거의 권리가 위협당하고 있습니다. 전쟁의 공포로부터 자유로울 권리 또한 위기에 처해있습니다. 깨끗한 공기를 마시고 돈 들이지 않고도 깨끗한 물을 마실 권리 또한 심각한 상태입니다. 그런 일들을 일거리로 삼는 좋은 결을 지닌 사람들이 늘어날 때 세상은 변할 것입니다.

독일의 예술이론가 요헨 힐트만(Jochen Hiltmann)은 1980년대에 전남 화순 만산계곡에 있는 운주사 천불천탑을 보고 그곳에서 '21세기의 희망'을 보았다고 했습니다. 그 지역 농부들의 삶에서 노동과 예술, 그리고 종교가 삼위일체로 이루어지고 있는 것을 발견했기 때문입니다. 그곳 농민들은 일하다가 지치면 주변의 돌을 주워다가 불상을 만들었습니다. 그렇게 기꺼이 논 한 귀퉁이를 소박한 아름다움을 가진 불상에게 내주었고, 미래불인 미륵불상을 보면서 모두가 행복한 미래를 꿈꾸었습니다. 그들이 생계만 생각했다면 불상들을 논 한가운데에 모시지 않았을 것이고, 아름다운 심성을 가지지 못했다면 불상의 미소를 재현해낼 수 없었을 것이며, 모두가 함께 잘사는 세상을 꿈꾸지 않았다면 미륵불을 모시지도 않았을 것입니다.

만산계곡의 농부들처럼, 모두가 함께 행복하게 사는 아름다운 마을을 만들고자 하는 일을 하는 사람들이 늘어나, 함께 아름답게 사는 세상을 만들었으면 좋겠습니다. 세상 탓만 하고 있을 것이 아니라 나부터 행동해야 할 때입니다.

소.확.행.
우리가 함께 할 수 있는
소소하지만
확실한 행동들

─────────── 아직 행동으로 옮기지는 못했지만 사회적 가치가 있는 일을 하려는 젊은이들이 많이 있습니다. 세상은 이런 사람들에 의해서 조금씩 앞으로 나아갑니다. 모두가 돈을 향해 A코스를 걷고, 자신만의 행복을 위해 B코스만 걷는다면 우리 사회는 더욱 강력한 약육강식의 논리가 지배하게 될 것입니다.

C코스는 B코스와 마찬가지로 누구나 언제든지 시작할 수 있습니다. 사람은 누구나 좋은 삶을 꿈꾸는 천성이 있습니다. 역사는 C코스적 삶이 발전시켜왔습니다. 어둠이 짙어질 때마다 C코스적 특성이 한순간에 모여 폭발했기 때문입니다. 우리는 광화문에서 촛불을 들고 그런 역사적 현장을 목격했습니다. 그렇게 우리 역사는 기적적으로 어느 한 순간에 폭발적으로 발전해왔습니다.

좋은 삶을 꿈꾸는 청년들이 그 방법을 몰라 헤매게 만든 1차적 책임은 사회에 있습니다. 대학에서는 성공하는 법만 가르치고, 기업은 돈 버는 일을 잘할 학생을 양성하도록 대학을 길들이고, 언론은 사회적 가치를 고민하는 사람들은 '좌파'로 몰거나 '운동권'이라 규정해버립니다. 미세먼지로 전 국민의 삶이 밑바닥인데도 학교에서는 환경에 대해 가르치지 않고, 기업과 정부는 환경을 전공할 학생들을 기를 생각이 없어보이며, 언론은 국민들을 중국 욕만 하는 투덜이로 만들어놓습니다. 미세먼지가 없는 세상을 위해 무언가를 하고자 하는 꿈을 가진 청년들의 꿈을 키울 공간이 없습니다. 결국 그것조차 청년들의 몫인 셈입니다.

물론 사회적 가치를 실현하는 길이 잘 보이지 않는다고 해서 기성세대들이 더 나은 미래를 위해 아무 것도 하지 않은 것은 아닙니다. 대한민국의 기성세대들도 더 나은 자본주의를 만들기 위해 많은 노력을 해왔습니다. 유럽이 더 나은 자본주의를 만들기 위해 진보정당을 만들고, 노동조합을 결성했듯, 우리도 민주노총과 한국노총이라는 거대 노동단체들을 만들었고, 노동자 편에 서고자 하는 진보정당을 원내에 진입시키는 데 성공했습니다.

그러나 청년실업 시대를 사는 청년들에게 진보정당이나 노동조합은 그다지 매력적인 수단으로 보이지 않는 것 같습니다. 청년실업률이 이렇게 높은데 청년들의 진보정당 지지율은 이해할 수 없을 정도로 바닥입니다. 노동조합에 대한 태도도 비슷합니다. 그들 대부분이 미래의 노동자임에도 불구하고 노동조합이나 전교조에 대한 태도가 생각만큼 우호적이지 않습니다. 기득권의 힘이 강하다는 반증일 수도 있고, 진보정당이나 노조의 한계가 노출된 결과일 수도 있을 것입니다.

그럼에도 불구하고 청년들이 알아야 할 중요한 사실이 있습니다. 투표로 자신의 이익을 대변하는 정치가를 뽑고, 자신을 대변해주는 정당을 지지하고, 자신의 권리를 보호하는 노동조합 활동에 힘을 보태는 것이 나답게 살 수 있는 '진부하지만 가장 확실한 방법'이라는 사실입니다.

자기자본이 B등급 혹은 C등급인 사람이 B코스나 C코스로 방향을 바꾼다고 하더라도 혼자서는 그들에게 유리한 세상을 만들 수 없습니다. 어떤 형태로든 연대하고 조직화해서 법을 바꾸고 사회구조를 바꾸어야 가능한 일입니다. 일본처럼 각성된 시민들이 정치를 버리고 산속으로 숨어든다면 약자에게 유리한 사회구조는 절대 바뀌지 않습니다. 정치가들이 다 못마땅해도 그중에서 좀 더 나은 사람을 선택해야 하고, 정당 활동에 모두 동의할 수 없다 하더라도 그중에서 더 약자에게 우호적인 정당을 선택해야 하고, 아무리 귀족노조처럼 보인다 하더라도 노동조합이 없다면 자본가와 협상은 원천적으로 불가능해진다는 사실을 알아야 합니다. 그것이 20세기 유럽이 보여준 교훈입니다.

진보정당과 노동조합은 20세기 유럽의 역사가 전 세계 노동자들에게 준 유산입니다. 프랑스혁명 같은 시민혁명이 이미 불가능해진 대의민주주의 국가인 대한민국에서 더 나은 세상을 만들기 위한 방법은 헌법을 활용하는 것뿐입니다. 각성된 노동자들이 노동조합을 통해 노동자들의 권익을 옹호하고, 사회적 가치를 실현하고자 하는 시민들이 뜻을 모아 진보정당을 통해 법을 제정하는 것이 세상의 구조를 바꿀 수 있는 유일한 수단입니다. 미래의 노동자이자 자기자본에서 약자인 청년들은 20세기 세계사의 유산을 슬기롭게 그리고 적극적으로 활용해야 합니다.

이 책을 쓸 때 카페를 자주 찾았습니다. 연구실보다도 그곳에 머문 시간이 더 많을 때도 있습니다. 제가 연구실보다 카페에서 작업하는 것을 더 좋아하는 이유는 딱 한가지입니다. 덜 갑갑하기 때문입니다. 덜 갑갑하다는 그런 느낌이 뭘까, 곰곰이 생각해보면 결국 '관계의 문제'까지 넘어가게 됩니다.

연구실에만 있으면 하루에 한 마디도 안할 때가 있습니다. 그러나 카페에 가면 새로운 것들이 기다리고 있습니다. 자주 가는 카페는 우선 주인이 반가운 눈인사를 보내줍니다. 친구를 만난 듯한 느낌이 듭니다. 주인의 방식대로 내려 주는 커피도 즐거움을 줍니다. 오고가는 사람들의 얼굴도 봅니다. 공간이 주는 자유를 느끼는 그들의 표정에서 행복을 봅니다. 이렇게 카페는 우리에게 다른 것들과 만날 관계를 주선해주고 말없는 소통을 나누게 하는 '대안공간'입니다.

만약 진보정당이나 노조와 같은 조직들이 부담스럽다면 카페와 같은 다양한 형태의 공동체를 만드는 일을 시도해 볼 필요가 있습니다. 주인의 입장에서 보면 카페는 돈을 벌기 위한 상업적인 자본주의적 공간이지만, 손님의 입장에서 보면 그곳은 네그리(Antonio Negri)와 하트

(Michael Hardt)가 『제국』에서 말하는 '비자본주의적 혹은 탈자본주의적 공간'인 셈입니다. 기존의 시공간에서 탈출하여 새로운 관계를 맺는 공간이지요. 이와 같은 형태를 좀 더 체계화시키면 '인류학적 탈출'이라고 말한 공동체가 등장할 수 있습니다. 제국화된 자본주의의 한계를 극복하기 위해서 생태공동체, 교육공동체, 생산자공동체, 소비자공동체, 귀농공동체 등이 필요하다고 그들은 말합니다.

공동체가 어려운 것이 결코 아닙니다. 강수돌의 정의에 따르면 공동체는 '서로 선물을 주고받는 관계'라는 뜻입니다. '지연, 혈연, 언어, 문화를 공유하는 집단'이라는 전형적인 공동체 정의와 다른 도전적 정의입니다. 지금 우리는 지연, 혈연, 언어, 문화를 공유하는 집단으로서의 공동체만 남아있는 형국입니다.

노동조합과 정당 이외에 새로운 대안적 공간이 필요합니다.

경쟁보다 협력을 중시하고, 이익보다 우애를 바탕으로 더불어 행복을 추구하는 다양한 형태의 공동체들이 조직 세포처럼 자리 잡아야 돈보다 질 높은 삶이 더 중요해지는 혁명적인 변화가 올 것입니다.

변산공동체처럼 전형적인 자급자족 공동체가 아니더라도 성미산공동체같이 부분적인 공동체도 좋고, 문정마을처럼 생태공동체도 좋습니다. 간디공동체처럼 대안교육공동체도 멋집니다. 그런 사람들이 모여 마을을 만들어야 합니다. 꼭 공동체라는 거창한 이름을 가진 것이 아니어도 좋습니다. 어린이집, 방과후 교실, 생활협동조합, 반찬가게, 일인방송국, 지역신문, 지역네트워크 등 만들 수 있는 종류는 많습니다. 삶의 중심을 돈버는 것에서 좋은 삶으로 놓기 시작하면 많은 것들을 새로 시작할 수 있을 것입니다.

새로운 공동체를 조직하는 일만이 아니라 각성된 시민도 필요합니다. 우리 사회에는 풀기 어려운 문제가 많이 쌓여 있습니다. 먼저, 부를 지금보다 공평하게 분배해야 합니다. 부의 세습이 고정화되어 계급화 되는 것부터 막아야 합니다. 환경문제도 더 이상 미룰 수 없습니다. 공기청정기나 마스크도 일시적인 위안만 될 뿐입니다. 삶의 틀을 근본적으로 변화시켜서라도 '지구인'이 되어야 할 때입니다. 전쟁도 끝내야 할 때입니다. 동북아를 평화공동체로 바꾸는 일은 그 시금석이 될 것입니다.

이런 일들은 누군가는 해야 할 사회적 가치를 지닌 일입니다. 이런 일을 위해 삶의 일부나 전부를 바치는 사람들이 늘어나야 우리는 살만한 세상에서 살 수 있습니다. 해야만 하는 일을 얼마나 하느냐에 따라 우리의 삶의 무게가 달라질 것입니다.

전문가가 되거나 사회운동가가 될 필요는 없습니다. 각성된 시민이 되는 것만으로도 충분합니다. 상상과 공부만으로는 오래가지 않습니다. 아무리 작더라도 행동에 나설 때입니다. 저는 여러분께 '소.확.행.'

을 제안합니다. '소소하지만 확실한 행동'말입니다. 이제 숨어서 내 안의 조그만한 공간으로 도피하지 말고 세상으로 나아가 그들과 용기 있게 맞서보세요.

손이 닿는 대로 우리나라에서 재미있는 일을 벌이는 곳들을 적어보았습니다. 이곳에서는 다양한 방법으로 C코스의 삶을 살고 있는 사람들을 만날 수 있습니다. 여러분도 관심을 가지고 주변에서 이런 사람들을 찾아보세요. 그것이 소확행의 출발입니다.

C코스를 찾고 있다면 가볼 곳

──→ 대천 마을학교, 대천천 네크워크, 쿵쿵어린이집, 북공동육아협동조합, 징검다리 놓는 아이들, 부산 참빛학교, 마을공방 사이, 맨발동무도서관, 풀무학교, 변산공동체, 들녘공동체, 민들레공동체, 방주공동체, 솔뫼농장, 해송어린이걱정모임, 진안방송, 백운, 배바우신문, 지리산 산내마을신문, 부산반송사람들, 평화동마을신문, 우리동네 햇빛발전조합, 태양과바람에너지발전조합, 간디학교, 불광동청년허브센터, 성미산공동체, 클린광산사회적협동조합, 뚜꺼비하우징, 청년식당, 장발장은행, 생명의 숲, 꼬마평화도서관, 빈집, 체게바라기획사, 팩토리콜렉티브, 하자청소년센터, 제주법씨학교, 파이청년학교, 국경선청년학교, 공간민들레, 밝은누리공동체, 실상사 작은학교, 선애빌공동체, 아시아평화대학

조금씩
작은 것부터
시작한다

——————————— 짜장면을 먹을지 짬뽕을 먹을지도 늘 고민하는 우리가 가치관을 바꾸고, 길을 바꾸는 것은 결코 쉬운 일이 아닙니다. 엄청난 용기가 필요한 일인데 하루아침에 그럴 베짱이 생길 수도 없지요. 실제로 "교수님의 강의는 맞는 말인데 강의실 문만 나가면 도루묵이에요!"라는 말도 자주 듣습니다.

사회적 약자인 우리는 혼자 버텨서는 안 됩니다. 소확행조차 너무 정치적인 듯해 어렵게 느껴진다면 건강보험을 들듯 사회적 보험을 들어봅시다. 사회적 보험은 생명보험처럼 돈으로 드는 것이 아닙니다. 지금 당장 행동해야 하는 소확행보다도 쉽습니다. 어쩔 수 없이 돈의 세계에서 휘둘려 살더라도 주인들에게 내 삶까지 휘둘리지 않기 위해서, 언젠가 그들이 나를 팽개치더라도 '그래 고맙다'하고 흔쾌히 준비한 길을 가기 위해서라도 조금의 시간과 노력과 용기를 내서 스스로가 사회적 가치를 추구하는 사람이 될 준비를 해야 합니다. 우리라고 언제까지 약자로만 살 수는 없죠.

사회적 보험을 드는 것은 생각보다 쉽습니다. 평소 마시던 커피집이나 대중매체가 알아서 광고해주는 맛집 대신에 오늘은 좀 다른 커피집이나 밥집을 가보면 어떨까요? 다른 길을 걷고 있는 사람들이 다른 방식으로 운영하는 커피집이나 밥집 같은 곳 말입니다.

예를 들면, 불광동 청년허브센터같은 곳에 있는 커피집입니다. 아마도 발을 들이는 순간 "어? 이런 곳도 있네?" 할 겁니다. 그곳을 오가는 사람들과 이야기도 나누어보세요. "어? 이렇게 사는 사람들도 있네?" 하는 생각이 들 겁니다. 방학 때는 유럽 배낭여행 대신 부탄으로 떠나는 건 어떨까요. 저도 언젠가 그곳에 가서 눈 내리는 공휴일을 즐기고 싶습니다. 코스타리카도 좋겠습니다. 몇천 년 전에 잘 살았던 사람들의 유물보다 지금 잘 살고 있는 사람들의 아름다운 모습을 보는 것이 더 감동적일 것입니다. 그래도 꼭 유럽여행을 가보고 싶다면 이탈리아 에밀리아 지역에 가서 한 달쯤 지내다 오는 것은 어떨까요? 가서 어느 중소기업에 찾아가 다짜고짜 한 달간 일해 줄테니 밥만 먹여달라고 해보세요. 이제 모나리자 그림 앞에서 온갖 포즈로 셀카 찍는 건 좀 촌스럽지 않은가요?

청년들의 여행은 달라야 합니다. 에밀리아 지역에 가서 파마산 치즈 먹는 모습을 찍어 SNS에 올릴 일이 아니라 도대체 이렇게 작은 소규모 자영업자들이 어떻게 글로벌화된 자본의 공세를 물리치고 100년이 넘게 살아남았는지 살펴보는 것이 더 멋있는 일 아닐까요?

일본의 노포에 가서 글로벌 기업들이 활개치는 세상에서 꿋꿋하게 살아남은 비결을 배우는 건 어떨까요?

용기가 좀 생긴다면 원룸이나 아파트에서 벗어나 뜻이 맞는 사람끼리 셰어하우스를 한번 해볼 것을 권합니다.

A코스의 삶에서는 개인 공간이 무척이나 소중하지만, 타인이 경쟁 상대가 아니라 친구나 이웃인 B코스나 C코스에서는 같이 모여 사는 것이 훨씬 더 행복합니다.

자신이 더 생기면 성미산 같은 마을에 들어가 살아보는 건 어떨까요. 지금 대한민국 곳곳에는 새로운 연대적 삶을 꾸리는 공동체가 들어서고 있습니다. 『마을의 귀환(오마이북, 2013)』에 슬쩍 한번 편승해보거나 『우린 다르게 살기로 했다(휴, 2018)』고 외치고 B코스나 C코스를 사는 사람들끼리 같이 살아보세요. 연대하는 이웃과 같이 사는 재미, 친구와 함께 불안하지 않은 삶을 살 수 있을 것입니다.

물론 압니다. 지금은 시스템에 지치고 사람에 지쳐 독방에 가만히 누워 있는 게 여러분이 말하는 소소하지만 확실한 행복, 즉 소확행일 겁니다. 그러나 시스템과 대결하여 이기지 못하고, 사람과 사람 사이의 소외를 이겨내지 못하고 도피로서 혼자만의 공간을 찾는다면, 틀림없이 그 공간은 갈수록 작아지고 줄어들 것입니다. 나머지 시간과 나머지 공간은 더욱 공포스러운 세상으로 변할 것입니다. 그렇게 자신 안으로 도피하고 싶어질 때 스스로에게 물어보세요. '이런 세상을 나의 아이에게 물려주고 싶은가?'하고 말이에요.

　얼마 안 되는 용돈이겠지만 매달 정해진 금액은 책을 사는 데에 쓰길 권합니다. 책은 돈과 같아서 사두면 언젠가는 씁니다. 공포 중에서 가장 무서운 것이 무지에서 오는 공포입니다. 공포는 늘 불안을 낳습니다. 청년들의 불안 중 많은 부분이 자신과 세계에 대해 잘 알지 못해 오고 있습니다. 자신의 세계관을 자신이 제대로 파악하지 못할 때 삶은 근본적으로 불안해집니다.

　혼자 책 읽는 것이 재미있어졌다면 지식공동체를 결성해보세요. 맛집을 찾아다닐 시간에 친구 서넛이 모여 책 읽고 생각나누기를 해보면 나다운 생각을 가지는 데 도움이 될 것입니다. 지금 제가 이 글을 쓰고 있는 공간에서도 한 무리의 젊은이들이 모여 독서토론을 하고 있습니다. 뭔가를 스스로 찾아 꿈틀거리고 있는 모습이 정말 보기 좋습니다.

　책 읽기와 토론에 대해서는 몇 가지 잔소리를 하고 싶습니다.

　토론 수업을 진행하다보면 논리에 이기는 것이 목표인 학생들이 자주 보입니다. 길들여진 책 읽기 때문입니다. 누군가를 이기기 위해 책을 읽어 온 결과입니다. 찬반을 기계적으로 나누어 토론을 하는 경우도 있습니다. 세상은 기울어져 있고, 세상은 늘 어떤 쪽이 이기는데 학교에서는 늘 기계적 중립만 가르칩니다. 기계적 중립이 객관적이라 호도됩니다. 이런 교육에 길들여지면 자신의 생각은 없어집니다. 자아는 사라집니다. 저항은 없고 반발만 하는 감상적인 인간만 양산됩니다.

　자신이 얼마나 똑똑한지 과시하고자 열심히 책을 읽는 학생도 있습니다. 아직 입학 시험용 책 읽기를 벗어나지 못한 상태지요. 공부는 겉멋으로 하는 것이 아니라 좀 더 나은 삶을 살기 위해 하는 것입니다. 나에게 가장 중요한 문제부터 공부를 통해 해결해야 합니다. 문제해결 중심의 책 읽기를 하시기 바랍니다.

어떤 학생들은 확증 편향의 도구로 책을 읽기도 합니다. 이미 누군가로부터 강력하게 주입된 엉성하지만 강고한 이데올로기를 세워놓고 자신이 옳음을 증명할 책이나 눈에 들어오는 문구만을 쇼핑하는 것입니다. 요즘 그런 젊은이들이 많이 늘었습니다. 세상이 이대로 가는 것이 좋은 자기자본이 A등급이 아니라면 이런 일은 그만두십시오. 자발적으로 세상의 소비재가 되겠다고 나서는 것과 다름없습니다. 부디 좀 더 좋은 삶을 살기 위한 책 읽기를 많이 했으면 좋겠습니다.

책 읽기 모임이 잘 되어간다면 조금씩의 돈을 모아 사회적 가치가 있는 일들을 해보면 어떨까요? 저는 윤구병 선생님의 권유로 '꼬마평화도서관' 만들기 운동에 참여하고 있습니다. 어린이들을 대상으로 평화와 관련된 책꽂이를 하나 만들어주는 운동입니다. 이처럼 적은 돈으로도 얼마든지 의미 있는 일을 할 수 있습니다.

이런 사회적 보험을 조금씩 들다보면 삶에 자신감이 생길 것입니다. 언젠가 여러분이 사회적 약자가 되었을 때, 그런 공간들이 든든한 버팀목이 될 것입니다. A코스가 당신을 버릴 때도 미련 없이 다른 길을 즐겁게 갈 수 있기도 할 것입니다.

마지막으로 저의 수업을 들었거나 저한테 고민 상담을 했던 학생들에게 추천받은 장소들을 적어봅니다. 다른 길을 걷기로 결심한 그들이 위로를 받거나 새로운 삶을 찾는 데 도움을 준 장소라고 합니다. 저는 이곳을 'C코스를 위한 놀이터'라 이름붙였습니다.

C코스를 위한 놀이터

⟶ 소풍가는 길, LOE, 빈집, 간디학교 여름철 자원봉사, 경기상상캠퍼스, 낯설게 하기, 뮤지컬 해난디 동동, 홍대 앞 희망시장, 청량리 종합시장 내 상생장, 복합문화공간 에무, 프립, 끌북, 인생학교, 꿈꾸는 둥지, 이상은 비밀의화원, John Legend의 Ordinary, 장승배기 study in cafe, 망원동 웨스트사이드, 담양 하심당, 코엑스에서 열리는 각종 박람회, 청춘삘딩, 디자이너 엔조마리, 마리몬드, 굿네이버스, 팀앤팀, 뉴킷, 롤링다이스, 좋은 날의 책방, 서른 책방, 산촌으로 가는 청년, 경기문화재단, 성미산공동체, 전주 청년몰, 동구밖

•

우리 각자가 만든 C코스의 공간에서,
행복하게 지낼 수 있었으면 좋겠습니다.
더 많은 청년들이 C코스의 승리자가
되기를 바랍니다.